Friedhelm Heitmann

Unterwegs in Deutschland

Materialien für den handlungs-orientierten Erdkundeunterricht

Persen

Persen Verlag

Gedruckt auf umweltbewusst gefertigtem, chlorfrei gebleichtem und alterungsbeständigem Papier.

6. Auflage 2017
© 2005 Persen Verlag, Hamburg
AAP Lehrerfachverlage GmbH
Alle Rechte vorbehalten.

Coverillustration: Jochen Kost – Fotolia.com
Grafik: Georg Wieborg
Satz: MouseDesign Medien AG, Zeven

ISBN 978-3-8344-3634-4

www.persen.de

INHALTSVERZEICHNIS

VORWORT

Basiswissen Deutschland!

Dieser abwechslungsreiche Band bietet viele verschiedene Möglichkeiten, Deutschland handlungsorientiert kennenzulernen.

Die Schülerinnen und Schüler erarbeiten, wiederholen und festigen elementare geographische Grundkenntnisse, indem sie eine spielerische Reise durch Deutschland antreten oder die geographischen Gegebenheiten Deutschlands mithilfe ansprechender Kopiervorlagen erarbeiten.

Lösungsblätter sowohl zu den Spielen als auch zu den Arbeitsblättern ermöglichen eine selbstständige Kontrolle des Wissens. Die Lösungshilfen, meist am unteren Rand der Seiten zu finden, dienen der Differenzierung. Sie können beim Vervielfältigen je nach Bedarf abgedeckt werden.

Zu den Spielen gibt es kurze und leicht verständliche Regeln.

Diese ausgewählte Sammlung kann in jeder Jahrgangsstufe der Sekundarstufe eingesetzt werden. Sie enthält Fragestellungen unterschiedlichen Niveaus, sodass auch Schülerinnen und Schüler der unteren Jahrgangsstufen damit arbeiten können – hier ab 5. Klasse.

Aus Gründen der Übersichtlichkeit und besseren Lesbarkeit wird in diesem Band vorwiegend die männliche Form verwendet. Selbstverständlich sind damit ebenfalls alle Schülerinnen, Spielerinnen und Lehrerinnen angesprochen.

Erklärung der auf den Kopiervorlagen verwendeten Symbole:

 **Spiel**

 **Arbeitsblatt**

 **Als Arbeitsblatt und als Spiel einsetzbar**

1 Brainstorming: „... deutsch ...“

Fertige eine Mindmap an!
Finde Begriffe, die irgendwo das Wort „deutsch" beinhalten.
Es dürfen auch aus mehreren Wörtern bestehende Begriffe sein.
Das Brainstorming lässt sich auch als Spiel gestalten (1 Begriff = 1 Punkt).

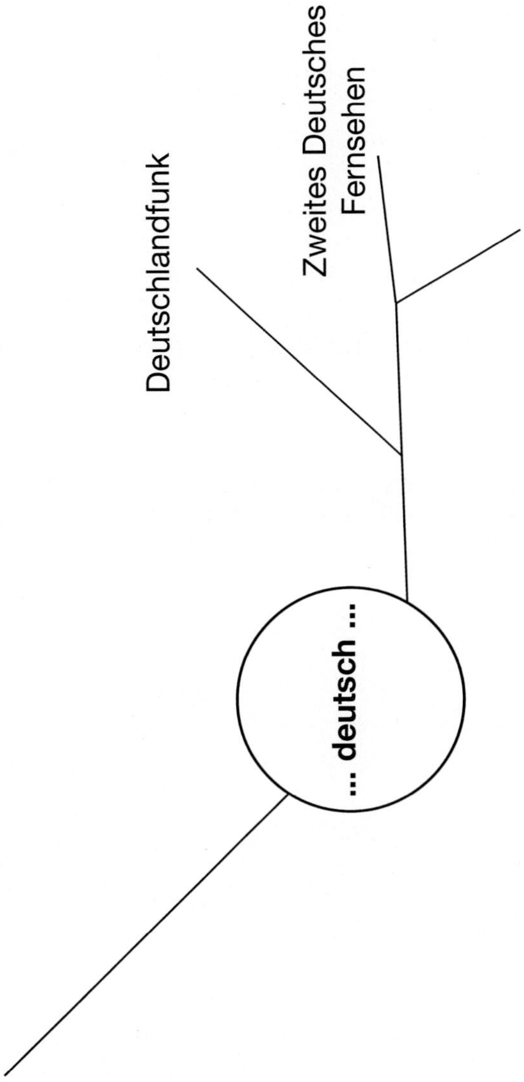

Deutschlandfunk

Zweites Deutsches Fernsehen

... deutsch ...

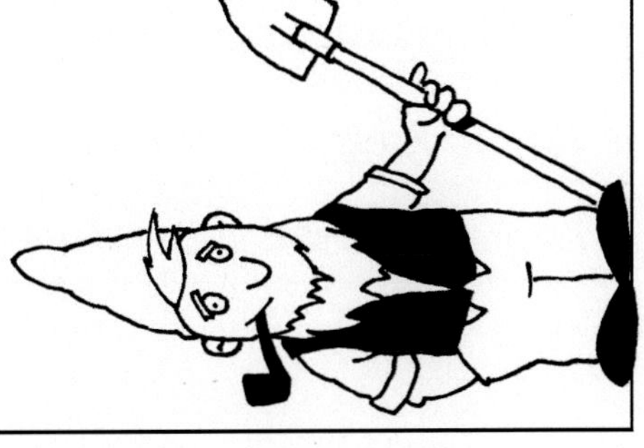

BEGRIFFE	BEGRIFFE
DeutschlandRadio	Deutsche Einheit
Deutschland	Deutsche Meisterschaft
Deutsches Rotes Kreuz (DRK)	Deutschtum (deutsche Eigenart)
Deutsche Dogge	Deutschlehrer
Tag der Deutschen Einheit	Deutschunterricht
Plattdeutsch	Deutscharbeit
Neue Deutsche Welle	Deutschlandfunk
Zweites Deutsches Fernsehen (ZDF)	deutschschweizerisch
Deutsche Ferienstraße	deutschsprachig
Deutsche Weinstraße	deutschstämmig
Deutsche Mark (DM)	Deutscher Kinderschutzbund (DKSB)
Deutsche Welle	Deutsche Bibliothek (in Frankfurt)
Deutsche Presse-Agentur (dpa)	Deutsche Bücherei (in Leipzig)
Deutscher Bundestag	Deutsche Bundesbank
Deutsche Bahn AG	Deutsche Demokratische Republik (DDR)
Deutsche Bucht (Teil der Nordsee)	Deutsche Jugendherberge (DJH)
Deutsche Post AG	Deutsche Lebens-Rettungs-Gesellschaft (DLRG)
Deutscher Schäferhund	Deutscher Gewerkschaftsbund (DGB)
Deutscher Wetterdienst (DWD)	Bundesrepublik Deutschland (BRD)
Deutsches Museum	Deutschamerikaner (Amerikaner dt. Abstammung)
Deutsch Drahthaar	Deutscher Turnerbund (DTB)
Deutschlandsberg (Stadt in Österreich/Steiermark)	deutsch-deutsche Beziehungen (früher: zwischen der BRD und der DDR)
Großer Preis von Deutschland	Deutscher Tierschutzbund
Deutscher Fußball-Bund (DFB)	Deutscher Städtetag
Deutscher Sportbund (DSB)	Deutscher Skiverband

F. Heitmann: Unterwegs in Deutschland
© Persen Verlag

2 Deutschland in Zahlen

Ordne die Zahlen* richtig zu!

(3) (3) (9) (9) (16) (33) (64) (77)

(230) (325) (400) (570) (620) (850) (870) (930)

(2 962) (70 500) (357 000) (3 400 000) (82 500 000)

Flächengröße Deutschlands (in km²)	
Zahl der Einwohner	
Bevölkerungsdichte (E/km²)	
Anteil der Ausländer an der Gesamtbevölkerung (in %)	
Einwohnerzahl der größten Stadt	
Einwohnerzahl der kleinsten Gemeinde	
durchschnittliche Lebenserwartung (in Jahren)	
Anzahl der Nachbarstaaten	
Anzahl der Bundesländer	
Flächengröße des größten Bundeslandes (in km²)	
Flächengröße des kleinsten Bundeslandes (in km²)	
größte Nord-Süd-Ausdehnung (in km)	
größte West-Ost-Ausdehnung (in km)	
Flächengröße der größten Insel (in km²)	
Flächengröße des größten Binnensees (in km²)	
Länge (in Deutschland) des längsten Flusses (in km)	
Länge des längsten Kanals (in km)	
Höhe des höchsten Berges (in m)	
Anteil der Erwerbstätigen im primären Wirtschaftssektor (in %)	
Anteil der Erwerbstätigen im sekundären Wirtschaftssektor (in %)	
Anteil der Erwerbstätigen im tertiären Wirtschaftssektor (in %)	

* Es handelt sich überwiegend um gerundete Angaben.

Flächengröße Deutschlands (in km²)	357 000
Zahl der Einwohner	82 500 000
Bevölkerungsdichte (E/km²)	230
Anteil der Ausländer an der Gesamtbevölkerung (in %)	9
Einwohnerzahl der größten Stadt	3 400 000 (Berlin)
Einwohnerzahl der kleinsten Gemeinde	3 (Wiedenbostel/ Schleswig-Holstein)
durchschnittliche Lebenserwartung (in Jahren)	77
Anzahl der Nachbarstaaten	9
Anzahl der Bundesländer	16
Flächengröße des größten Bundeslandes (in km²)	70 500 (Bayern)
Flächengröße des kleinsten Bundeslandes (in km²)	400 (Bremen)
größte Nord-Süd-Ausdehnung (in km)	850
größte West-Ost-Ausdehnung (in km)	620
Flächengröße der größten Insel (in km²)	930 (Rügen)
Flächengröße des größten Binnensees (in km²)	570 (Bodensee)
Länge (in Deutschland) des längsten Flusses (in km)	870 (Rhein)
Länge des längsten Kanals (in km)	325 (Mittellandkanal)
Höhe des höchsten Berges (in m)	2 962 (Zugspitze)
Anteil der Erwerbstätigen im primären Wirtschaftssektor (in %)	3
Anteil der Erwerbstätigen im sekundären Wirtschaftssektor (in %)	33
Anteil der Erwerbstätigen im tertiären Wirtschaftssektor (in %)	64

Es handelt sich überwiegend um gerundete Angaben.

F. Heitmann: Unterwegs in Deutschland
© Persen Verlag

3 Deutschland in Diagrammen

Beschrifte die Diagramme!
Ordne die folgenden Begriffe richtig zu:

Dauerkulturen (z. B. Spargel, Wein), Sonstige und Konfessionslose, Land, Wald, Bebautes Land/Wasser/Sonstiges, Katholiken, Wiesen und Weiden, Stadt, Landwirtschaftliche Nutzfläche, Protestanten, Ackerland, Muslime

1) Religionszugehörigkeit **2) Stadt-/Landbevölkerung**

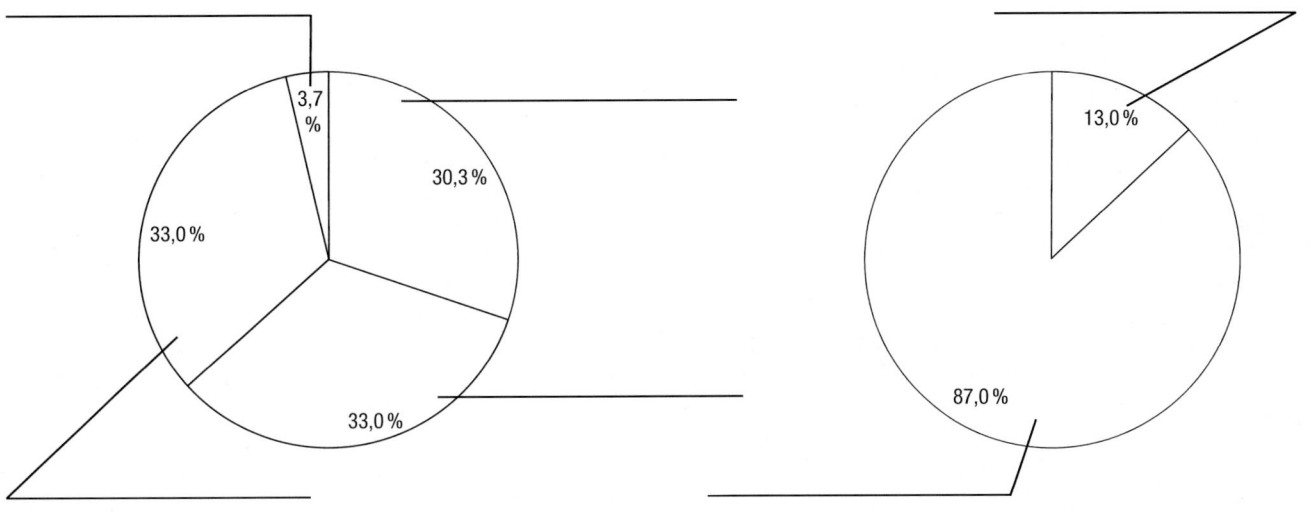

3) Landnutzung **4) Landwirtschaftliche Nutzfläche**

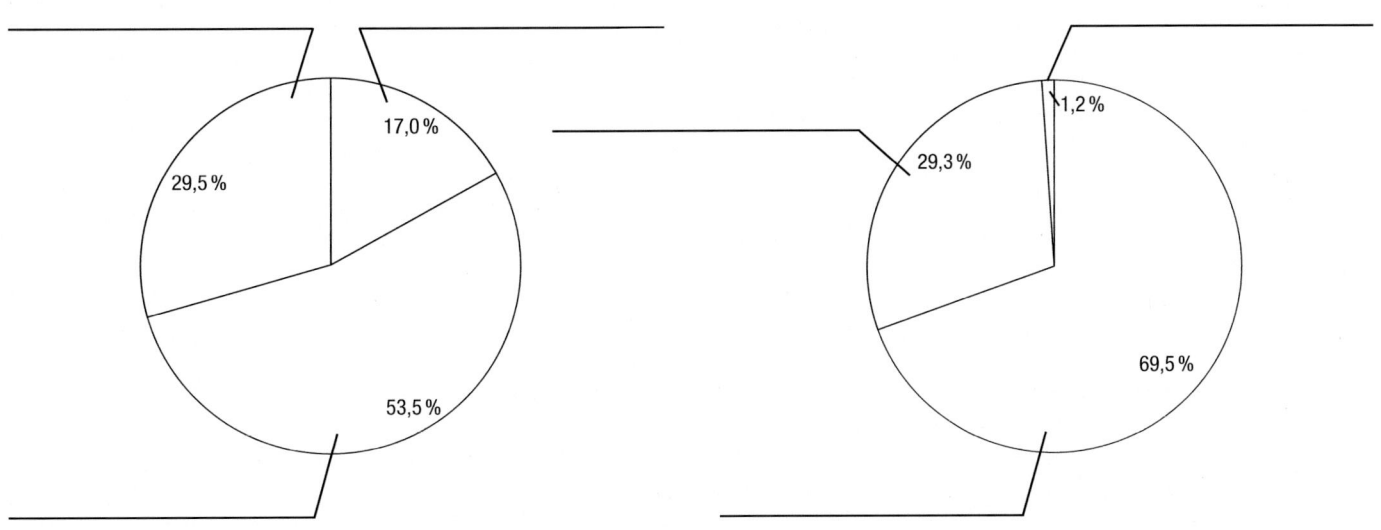

Quellen: Statistisches Bundesamt 2003; TaschenAtlas Europäische Union, Klett-Pertes Verlag 2004

1) Religionszugehörigkeit

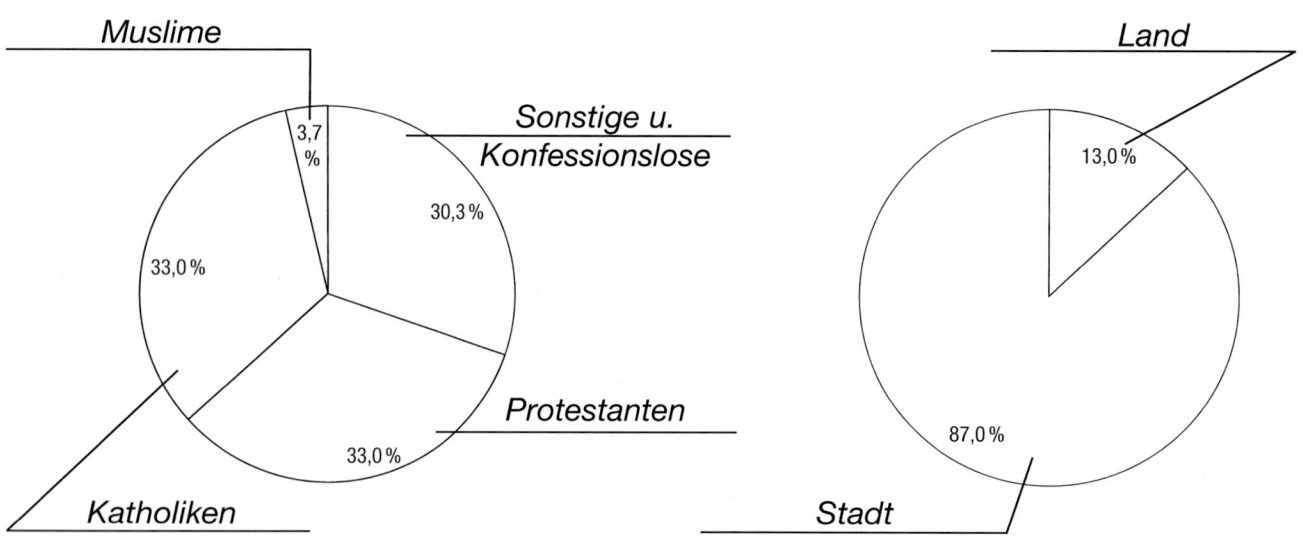

Muslime

3,7 %

Sonstige u. Konfessionslose

30,3 %

33,0 %

Protestanten

33,0 %

Katholiken

2) Stadt-/Landbevölkerung

Land

13,0 %

87,0 %

Stadt

3) Landnutzung

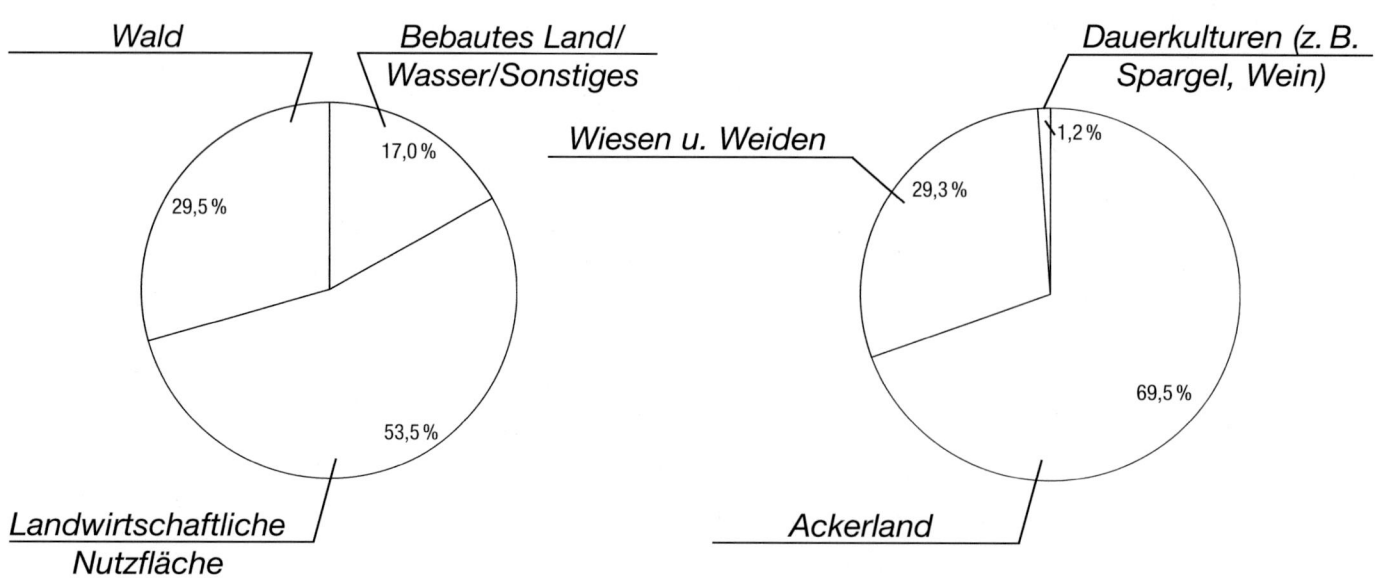

Wald

Bebautes Land/ Wasser/Sonstiges

17,0 %

29,5 %

53,5 %

Landwirtschaftliche Nutzfläche

4) Landwirtschaftliche Nutzfläche

Dauerkulturen (z. B. Spargel, Wein)

Wiesen u. Weiden

1,2 %

29,3 %

69,5 %

Ackerland

Quellen: Statistisches Bundesamt 2003; TaschenAtlas Europäische Union, Klett-Pertes Verlag 2004

F. Heitmann: Unterwegs in Deutschland
© Persen Verlag

4 Die Wirtschaft in Deutschland

1a) Ordne die Fachbegriffe richtig zu.

| Primärer Wirtschaftssektor | ▷ | v. a. verarbeitendes Gewerbe wie Industrie, Handwerk |

| Sekundärer Wirtschaftssektor | ▷ | v. a. Handel, Verwaltung, Dienstleistungen, Erziehung |

| Tertiärer Wirtschaftssektor | ▷ | v. a. Landwirtschaft, Forstwirtschaft, Fischerei, Gärtnerei |

b) Schätze: Wie viel Prozent der Erwerbstätigen in Deutschland sind jeweils in diesen Sektoren tätig? Überprüfe deine Angaben!

Primärer Sektor: %,   Sekundärer Sektor: %,   Tertiärer Sektor: %

2) Fülle aus! Bodenschätze in Deutschland:

Ö=Ö

3) Notiere die Hauptexportprodukte Deutschlands.

_____   _____

_____   _____

_____   _____

4) Fülle aus! Wichtige Energiequellen Deutschlands:

Als Hilfsmittel sollte der Atlas benutzt werden!

4 Die Wirtschaft in Deutschland – Lösungen

1a) Ordne die Fachbegriffe richtig zu.

Primärer Wirtschaftssektor		v. a. verarbeitendes Gewerbe wie Industrie, Handwerk
Sekundärer Wirtschaftssektor		v. a. Handel, Verwaltung, Dienstleistungen, Erziehung
Tertiärer Wirtschaftssektor		v. a. Landwirtschaft, Forstwirtschaft, Fischerei, Gärtnerei

b) Schätze: Wie viel Prozent der Erwerbstätigen in Deutschland sind jeweils in diesen Sektoren tätig? Überprüfe deine Angaben!

Primärer Sektor: *3 %*, Sekundärer Sektor: *33 %*, Tertiärer Sektor: *64 %*

2) Fülle aus! Bodenschätze in Deutschland:

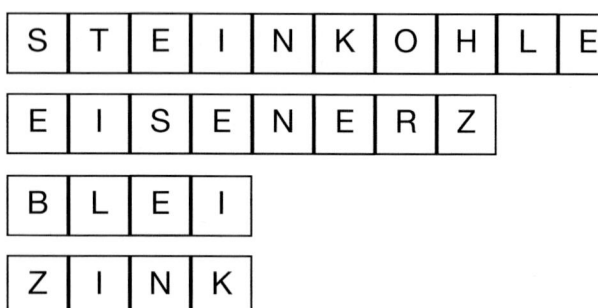

S T E I N K O H L E

E I S E N E R Z

B L E I

Z I N K

B R A U N K O H L E

E R D Ö L

E R D G A S

S A L Z

Ö=Ö

3) Notiere die Hauptexportprodukte Deutschlands.

Ernährungsgüter

Maschinen

Kraftfahrzeuge und Kraftfahrzeugteile

Eisen- und Stahlerzeugnisse

chemische Erzeugnisse

elektrotechnische Erzeugnisse

Nachrichtentechnik

optische Erzeugnisse

4) Fülle aus! Wichtige Energiequellen Deutschlands:

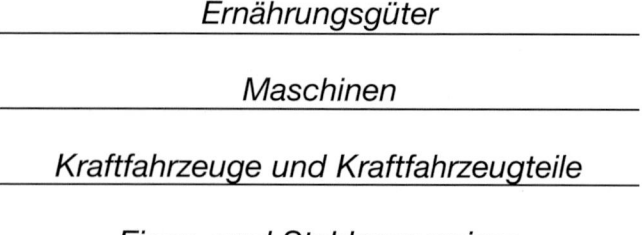

S T E I N K O H L E

B R A U N K O H L E

E R D Ö L

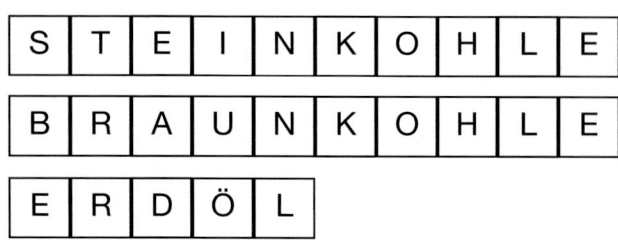

E R D G A S

K E R N E N E R G I E

W A S S E R K R A F T

5 Das Klima in Deutschland

**Überprüfe die Aussagen zu Deutschlands Klima. Kennzeichne: richtig ☺ oder falsch ☹ !
Korrigiere die falschen Aussagen und notiere sie auf einem neuen Blatt Papier.**

1. Grob gesehen liegt Deutschland in der gemäßigten Klimazone. Diese ist gekennzeichnet durch häufig extreme Temperaturen. ☹

2. Näher betrachtet erstreckt sich Deutschland im Übergangsraum zwischen dem
   maritimen Klima Osteuropas und dem kontinentalen Klima Westeuropas. ☹

3. Im Gegensatz zum maritimen Klima weist das kontinentale Klima im Jahres-
   verlauf weniger Niederschläge und höhere Temperaturschwankungen auf. ☺

4. Der Westen Deutschlands wird verstärkt beeinflusst durch das kontinentale Klima.
   Dort sind die Sommer vergleichsweise warm, die Winter verhältnismäßig kalt. ☹

5. Der Einfluss des maritimen Klimas nimmt in Deutschland von Nordwesten nach
   Südosten ab. Der Norden Deutschlands ist also aufgrund der Nähe zur Nord- und
   Ostsee kontinentaler geprägt als der Süden. ☹

6. Im Süden Deutschlands sind die Alpen eine Klima- und Wetterscheide. Sie bilden
   die natürliche Grenze zwischen der gemäßigten und der subtropischen Klimazone,
   in der das Mittelmeergebiet liegt. ☺

7. Das Klima in Deutschland wird hauptsächlich durch Ostwinde bestimmt, die das
   ganze Jahr hindurch Niederschläge mit sich bringen. Die Winter sind verhältnis-
   mäßig mild, die Sommer im Normalfall nicht extrem heiß. ☹

8. Länger andauernde Hochdruckwetterlagen sind seltener. Im Winter sind sie häufig
   verbunden mit der Zufuhr trocken-kontinentaler, sehr kalter Luft aus Nordosten
   bis Südosten, im Sommer mit trockener, warmer bis heißer Luft. ☺

9. In der klimatisch benachteiligten Oberrheinischen Tiefebene macht sich der
   Frühling in Deutschland am spätesten bemerkbar. ☹

10. Das Gebiet am Niederrhein zählt zu den wärmsten Regionen Deutschlands. Im
    Winter weist das Gebiet aufgrund seiner Nähe zum Atlantik sowie der geringen
    Höhenlage gewöhnlich vergleichsweise hohe Temperaturen auf. ☺

11. Die Jahresdurchschnittstemperaturen betragen landesweit etwa 7–11 °C. ☺

12. Die Menge der Niederschläge unterscheidet sich in Deutschland regional. So sind
    z. B. die Niederschläge auf der dem Wind zugewandten Seite eines Berges oder
    Gebirges (Wetterseite/Lee) höher als in Gebieten, die im Wind- bzw. Regen-
    schatten liegen (Luv). ☹

13. Die durchschnittlichen Jahresniederschläge reichen von ca. 500 mm in den Lee-
    lagen der Mittelgebirge bis zu 2 000 mm in den Hochlagen der Alpen.
    Etwa 1 500 mm werden im Norddeutschen Tiefland erreicht. ☹

14. Im Alpenvorland herrscht zeitweise Föhn. Dies ist ein kalter und feuchter Fallwind
    aus nördlichen Richtungen. ☹

Die korrigierten Textstellen sind fett gedruckt.

1. Grob gesehen liegt Deutschland in der gemäßigten Klimazone. Diese ist gekenn-zeichnet durch **selten** extreme Temperaturen.

2. Näher betrachtet erstreckt sich Deutschland im Übergangsraum zwischen dem maritimen Klima **West**europas und dem kontinentalen Klima **Ost**europas.

3. Im Gegensatz zum maritimen Klima weist das kontinentale Klima im Jahres-verlauf weniger Niederschläge und höhere Temperaturschwankungen auf.

4. Der **Osten** Deutschlands wird verstärkt beeinflusst durch das kontinentale Klima. Dort sind die Sommer vergleichsweise warm, die Winter verhältnismäßig kalt.

5. Der Einfluss des maritimen Klimas nimmt in Deutschland von Nordwesten nach Südosten ab. Der Norden Deutschlands ist also aufgrund der Nähe zur Nord- und Ostsee **maritimer** geprägt als der Süden.

6. Im Süden Deutschlands sind die Alpen eine Klima- und Wetterscheide. Sie bilden die natürliche Grenze zwischen der gemäßigten und der subtropischen Klimazone, in der das Mittelmeergebiet liegt.

7. Das Klima in Deutschland wird hauptsächlich durch **West**winde bestimmt, die das ganze Jahr hindurch Niederschläge mit sich bringen. Die Winter sind verhältnis-mäßig mild, die Sommer im Normalfall nicht extrem heiß.

8. Länger andauernde Hochdruckwetterlagen sind seltener. Im Winter sind sie häufig verbunden mit der Zufuhr trocken-kontinentaler, sehr kalter Luft aus Nordosten bis Südosten, im Sommer mit trockener, warmer bis heißer Luft.

9. In der klimatisch **begünstigten** Oberrheinischen Tiefebene macht sich der Frühling in Deutschland am **frühesten** bemerkbar.

10. Das Gebiet am Niederrhein zählt zu den wärmsten Regionen Deutschlands. Im Winter weist das Gebiet aufgrund seiner Nähe zum Atlantik sowie der geringen Höhenlage gewöhnlich vergleichsweise hohe Temperaturen auf.

11. Die Jahresdurchschnittstemperaturen betragen landesweit etwa 7–11 °C.

12. Die Menge der Niederschläge unterscheidet sich in Deutschland regional. So sind z. B. die Niederschläge auf der dem Wind zugewandten Seite eines Berges oder Gebirges (Wetterseite/**Luv**) höher als in Gebieten, die im Wind- bzw. Regen-schatten liegen (**Lee**).

13. Die durchschnittlichen Jahresniederschläge reichen von ca. 500 mm in den Lee-lagen der Mittelgebirge bis zu 2 000 mm in den Hochlagen der Alpen. Etwa **700** mm werden im Norddeutschen Tiefland erreicht.

14. Im Alpenvorland herrscht zeitweise Föhn. Dies ist ein **warmer** und **trockener** Fallwind aus **südlichen** Richtungen.

6 Übungen im Umgang mit der Karte

Nimm für die Aufgaben einen Atlas zu Hilfe!

1) Zwischen welchen Breitengraden und Längengraden liegt Deutschland?

2) Zwischen welchen Breitengraden und Längengraden erstreckt sich das Bundesland Hessen?

3) Auf welchem Breitengrad und welchem Längengrad liegt Osnabrück?

4) Auf welchem Breitengrad und welchem Längengrad liegt Regensburg?

5) Wie viele km in der Natur ist 1 cm auf einer Landkarte, die den Maßstab 1 : 2 250 000 hat?

6) Wie viele km in der Natur sind 5 cm auf einer Landkarte, die den Maßstab 1 : 6 000 000 hat?

7) Auf einer Karte entspricht 1 cm in Wirklichkeit 500 m. Welchen Maßstab hat diese Karte?

8) Auf einer Karte entspricht 1 cm in Wirklichkeit 8 km. Welchen Maßstab hat diese Karte?

9) Wie viele km (Luftlinie) beträgt die Entfernung zwischen Kiel und Freiburg/Breisgau?

10) Wie viele km (Luftlinie) beträgt die Entfernung zwischen Düsseldorf und Dresden?

1) **Zwischen welchen Breitengraden und Längengraden liegt Deutschland?**

   ~ 47° nördlicher Breite bis ~ 55° nördlicher Breite
   ~ 6° östlicher Länge bis ~ 15° östlicher Länge

2) **Zwischen welchen Breitengraden und Längengraden erstreckt sich das Bundesland Hessen?**

   ~ 49,4° nördlicher Breite bis ~ 51,6° nördlicher Breite
   ~ 7,8° östlicher Länge bis ~ 10,2° östlicher Länge

3) **Auf welchem Breitengrad und welchem Längengrad liegt Osnabrück?**

   ~ 52° nördlicher Breite
   ~ 8° östlicher Länge

4) **Auf welchem Breitengrad und welchem Längengrad liegt Regensburg?**

   ~ 49° nördlicher Breite
   ~ 12° östlicher Länge

5) **Wie viele km in der Natur ist 1 cm auf einer Landkarte, die den Maßstab 1 : 2 250 000 hat?**

   1 cm auf der Karte = 22,5 km in der Natur

6) **Wie viele km in der Natur sind 5 cm auf einer Landkarte, die den Maßstab 1 : 6 000 000 hat?**

   5 cm auf der Karte = 300 km in der Natur

7) **Auf einer Karte entspricht 1 cm in Wirklichkeit 500 m. Welchen Maßstab hat diese Karte?**

   1 : 50 000

8) **Auf einer Karte entspricht 1 cm in Wirklichkeit 8 km. Welchen Maßstab hat diese Karte?**

   1 : 800 000

9) **Wie viele km (Luftlinie) beträgt die Entfernung zwischen Kiel und Freiburg/Breisgau?**

   ~ 725 km

10) **Wie viele km (Luftlinie) beträgt die Entfernung zwischen Düsseldorf und Dresden?**

   ~ 490 km

F. Heitmann: Unterwegs in Deutschland
© Persen Verlag

7 Orientierungsrallye durch Deutschland

Orientierungsspiel mit einer Kompassrose als Wegweiser

Hinweis
Die Vorlage auf Seite 19 lässt sich auch als reines Arbeitsblatt ohne Spielcharakter einsetzen. Der Arbeitsauftrag ergibt sich aus den Spielregeln.

Spielerzahl
beliebig

Spielmaterialien
je Spieler:
- 1 Spielplan (Seite 19)
- 1 Kompassrose (Seite 18) / Folie
- 1 Atlas
- 1 Lineal
- evtl. 1 Taschenrechner
- 1 Lösungsblatt (Seite 20)
- evtl. Blankovorlage (Seite 21)

Herstellung der Kompassrose
Die Kompassrose wird auf Folie kopiert und anschließend ausgeschnitten.

Spielregeln
Die Spieler simulieren mithilfe der Kompassrose eine Orientierungsrallye durch Deutschland.

Jeder Spieler erhält eine Kompassrose und einen Spielplan. Die dort vorgegebenen Himmelsrichtungen und Entfernungsangaben führen die Spieler an verschiedene Orte. Diese 20 Orte gilt es herauszufinden.
Der Start der Reise erfolgt in Flensburg. Von dort aus geht es in der auf dem vorliegenden Spielplan per jeweiliger Himmelsrichtung und Entfernungsangabe vorgegebenen Reihenfolge weiter. Von Flensburg aus wird also die Kompassrose angelegt und die Himmelsrichtung OSO bestimmt. Dann wird das Lineal in diese Richtung angelegt und der Ort in ca. 190 km Entfernung ausgemacht. In diesem Fall ist der Zielort Rostock.
Das erste Etappenziel ist damit erreicht. Von dort aus wird wiederum das nächste Ziel gesucht. Dies geschieht mit der darauf folgenden Angabe der Himmelsrichtung und Entfernung usw.

Spielsieg
Sieger ist, wer zuerst die 20 gesuchten Orte in der richtigen Reihenfolge (Etappenfolge) herausgefunden und entsprechend auf seinem Spielplan notiert hat (siehe Lösungsblatt).

Spielvariationen
▷ Das Spiel lässt sich auch in Partnerarbeit durchführen.

▷ Die Spieler erhalten einen Spielplan, auf dem nur die Etappenzielorte angegeben sind, und ermitteln sowohl die Himmelsrichtungen als auch die Entfernungsangaben.
Hierzu wird das Lösungsblatt benötigt. Beim Kopieren werden die Himmelsrichtungen und Entfernungsangaben abgedeckt.

▷ Mithilfe der Blankovorlage lassen sich weitere Rallyeziele setzen.

Wie funktioniert die Kompassrose?

Als Himmelsrichtung bezeichnet man eine der vier auf die Erdachse bezogenen Grundrichtungen. Ein Kompass dient der Bestimmung der Himmelsrichtungen.

Die Seefahrt hat zur genaueren Orientierung eine feinere Unterteilung als nur die vier Himmelsrichtungen Norden, Osten, Süden und Westen entwickelt. Diese Untergliederung teilt die 360 Grad der Kompassrose in 32 Teile, also je Teil 11,25 Grad. Entsprechend werden 32 Richtungen genauer bezeichnet.

Es gibt auch Kompassrosen mit nur 16 Einteilungen, aber für äußerst genaue Anwendungen sogar 6 400 Einteilungen (Kompasse in Schiffen). Ein Teil wird auch als „Strich" bezeichnet.

Die Bezeichnung der Himmelsrichtungen folgt einer eigenen Systematik:

▷ Die grundlegenden Bezeichnungen bilden die **Viertel**: *Norden = N, Süden = S, Osten = O, Westen = W.*

▷ Die **Achtel** werden aus den Namen der Viertel zusammengesetzt. Nord und Süd stehen dabei vor West und Ost: *Nordwest = NW, Nordost = NO, Südost = SO, Südwest = SW.*

▷ Die **Sechzehntel** setzen sich zusammen aus den Namen der Viertel und dem jeweiligen Namen des benachbarten Achtels. *Bsp.: Nordnordost = NNO*
Westsüdwest = WSW

▷ Die **Zweiunddreißigstel** bildet man, indem dem Namen des jeweiligen Viertels oder Achtels das Wort „zu" angehängt wird. Am Ende schließt sich dann der Viertel-Name an. *Bsp.: Nord zu West (NzW)*
Südost zu Ost (SOzO)

Übrigens: In der Seefahrt kürzt man Osten nicht mit „O" sondern „E" ab.

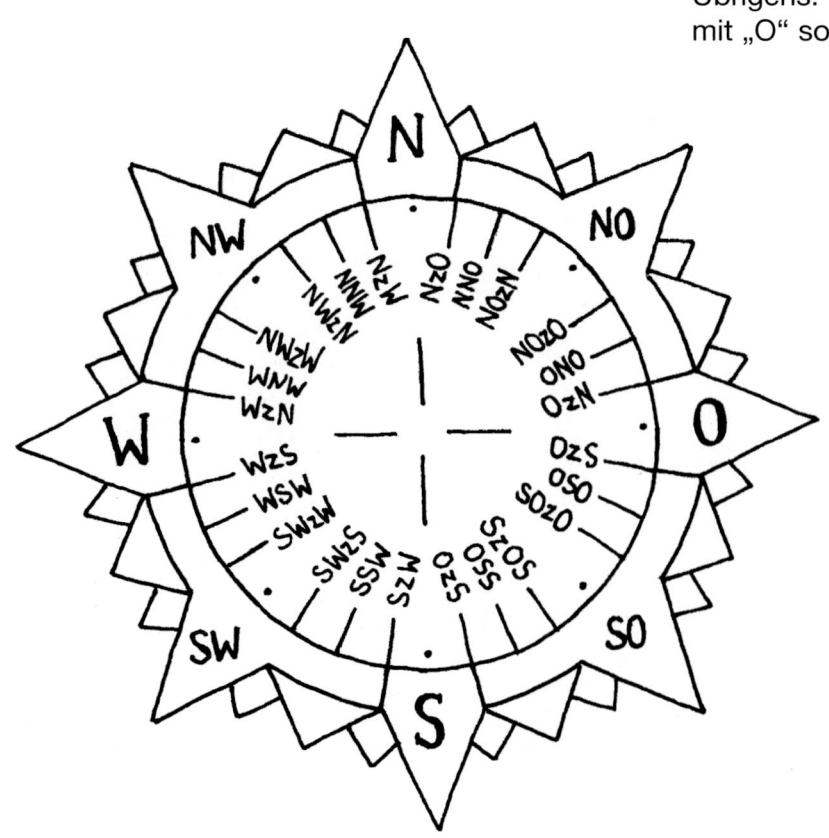

F. Heitmann: Unterwegs in Deutschland
© Persen Verlag

Startort: FLENSBURG

Nr.	Himmelsrichtung	Entfernung in km (Luftlinie)*	Ziel
1	OSO	190	
2	WSW	150	
3	S	220	
4	O	140	
5	SOzO	30	
6	WSW	100	
7	S	290	
8	SzO	100	
9	NW	200	
10	WNW	60	
11	NOzN	410	
12	SW	300	
13	WSW	30	
14	NW	140	
15	NO	170	
16	WzS	60	
17	NzO	180	
18	NzW	70	
19	SOzS	230	
20	NzW	230	

Lösungshilfe – Zielorte in alphabetischer Reihenfolge

Augsburg, Bielefeld, Erfurt, Frankfurt/Main, Garmisch-Partenkirchen, Göttingen, Halle/Saale, Hamburg, Hannover, Helgoland, Husum, Karlsruhe, Köln, Leipzig, Magdeburg, Mainz, Münster, Rostock, Stuttgart, Wilhelmshaven

* Es handelt sich überwiegend um gerundete Angaben.

Startort: FLENSBURG

Nr.	Himmelsrichtung	Entfernung in km (Luftlinie)*	Ziel
1	OSO	190	Rostock
2	WSW	150	Hamburg
3	S	220	Göttingen
4	O	140	Halle/Saale
5	SOzO	30	Leipzig
6	WSW	100	Erfurt
7	S	290	Augsburg
8	SzO	100	Garmisch-Partenkirchen
9	NW	200	Stuttgart
10	WNW	60	Karlsruhe
11	NOzN	410	Magdeburg
12	SW	300	Frankfurt/Main
13	WSW	30	Mainz
14	NW	140	Köln
15	NO	170	Bielefeld
16	WzS	60	Münster
17	NzO	180	Wilhelmshaven
18	NzW	70	Helgoland
19	SOzS	230	Hannover
20	NzW	230	Husum

* Es handelt sich überwiegend um gerundete Angaben.

F. Heitmann: Unterwegs in Deutschland
© Persen Verlag

Startort: _____

Nr.	Himmelsrichtung	Entfernung in km (Luftlinie)	Ziel
1			
2			
3			
4			
5			
6			
7			
8			
9			
10			
11			
12			
13			
14			
15			
16			
17			
18			
19			
20			

Lösungshilfe – Zielorte

F. Heitmann: Unterwegs in Deutschland
© Persen Verlag

8 Bundesländer und Landeshauptstädte

1) Notiere die Bundesländer Deutschlands und die Landeshauptstädte.

2) Schreibe zu jedem Bundesland, ob es sich um einen Flächenstaat (F) oder um einen Stadtstaat (S) handelt.

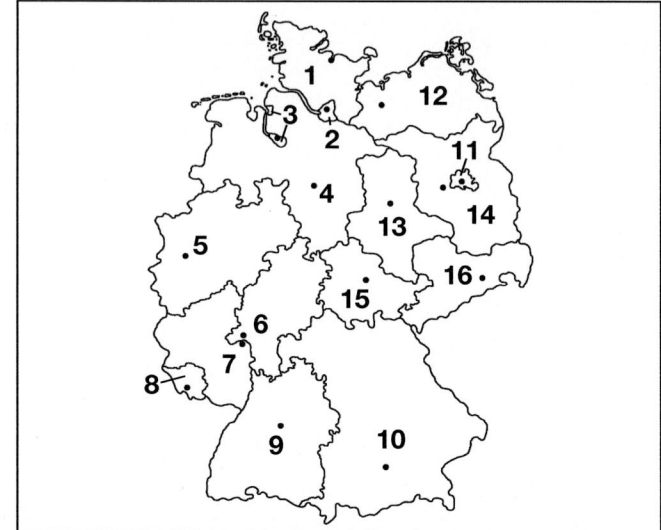

NR.	BUNDESLAND	LANDESHAUPTSTADT
1		
2		
3		
4		
5		
6		
7		
8		
9		
10		
11		
12		
13		
14		
15		
16		

Lösungshilfe – Bundesländer und Hauptstädte in alphabetischer Reihenfolge

Bundesländer: Baden-Württemberg, Bayern, Berlin, Brandenburg, Bremen, Hamburg, Hessen, Mecklenburg-Vorpommern, Niedersachsen, Nordrhein-Westfalen, Rheinland-Pfalz, Saarland, Sachsen, Sachsen-Anhalt, Schleswig-Holstein, Thüringen
Hauptstädte: Berlin, Bremen, Dresden, Düsseldorf, Erfurt, Hamburg, Hannover, Kiel, Magdeburg, Mainz, München, Potsdam, Saarbrücken, Schwerin, Stuttgart, Wiesbaden

F. Heitmann: Unterwegs in Deutschland
© Persen Verlag

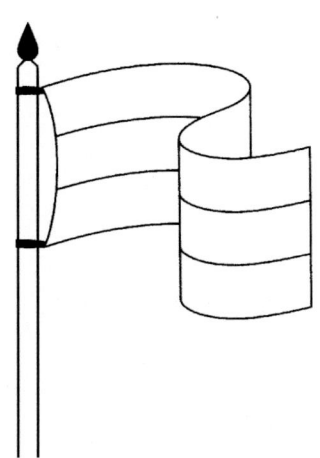

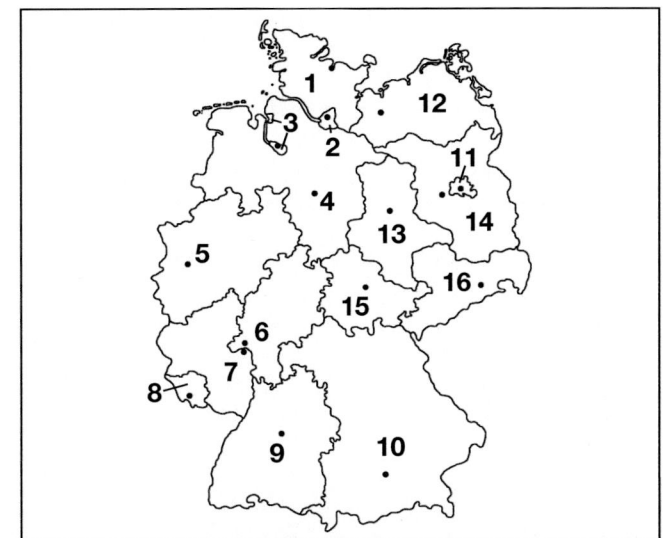

NR.	BUNDESLAND	LANDESHAUPTSTADT
1	Schleswig-Holstein (F)	Kiel
2	Hamburg (S)	Hamburg
3	Bremen (S)	Bremen
4	Niedersachsen (F)	Hannover
5	Nordrhein-Westfalen (F)	Düsseldorf
6	Hessen (F)	Wiesbaden
7	Rheinland-Pfalz (F)	Mainz
8	Saarland (F)	Saarbrücken
9	Baden-Württemberg (F)	Stuttgart
10	Bayern (F)	München
11	Berlin (S)	Berlin
12	Mecklenburg-Vorpommern (F)	Schwerin
13	Sachsen-Anhalt (F)	Magdeburg
14	Brandenburg (F)	Potsdam
15	Thüringen (F)	Erfurt
16	Sachsen (F)	Dresden

F = Flächenstaat
S = Stadtstaat

1) Welche Einwohnerzahl gehört zu welchem Bundesland?
Ordne die Bundesländer den Zahlen richtig zu. Berechne danach die Bevölkerungsdichte, d. h. die Einwohnerzahl pro km² (E/km²).

Bundesland (Fläche in km²)	Einwohner insgesamt	Bevölkerungsdichte (E/km²)
Baden-Württemberg (35 751,64)	7 980 000	
Bayern (70 549,32)	4 349 000	
Berlin (891,75)	12 387 000	
Brandenburg (29 476,67)	18 076 000	
Bremen (404,28)	2 582 000	
Hamburg (755,26)	2 392 000	
Hessen (21 114,88)	10 661 000	
Mecklenburg-Vorpommern (23 173,46)	1 729 000	
Niedersachsen (47 617,97)	2 817 000	
Nordrhein-Westfalen (34 082,76)	6 092 000	
Rheinland-Pfalz (19 846,91)	3 392 000	
Saarland (2 568,53)	1 065 000	
Sachsen (18 413,29)	2 549 000	
Sachsen-Anhalt (20 444,72)	662 000	
Schleswig-Holstein (15 762,90)	1 745 000	
Thüringen (16 172,21)	4 058 000	

Für helle Köpfe:
2) Berechne die Fläche und die Einwohnerzahl für Gesamtdeutschland.
Anschließend ermittle die Bevölkerungsdichte (E/km²) für Gesamtdeutschland.
3) Berechne den prozentualen Flächenanteil der einzelnen Bundesländer an der Gesamtfläche Deutschlands.
4) Berechne den prozentualen Anteil der Bevölkerung der einzelnen Bundesländer an der Gesamtbevölkerung Deutschlands.
Was fällt dir auf?

Es handelt sich um gerundete Angaben (Q.: Statistisches Bundesamt 2003).

F. Heitmann: Unterwegs in Deutschland
© Persen Verlag

Bundesland (Fläche in km²)	Anteil in % an der Gesamtfläche Deutschlands	Einwohner insgesamt	Anteil in % an der Gesamtbevölkerung Deutschlands	Bevölkerungsdichte (E/km²)
Baden-Württemberg (35 751,64)	10,0	10 661 000	12,9	298
Bayern (70 549,32)	19,8	12 387 000	15,0	176
Berlin (891,75)	0,2	3 392 000	4,1	3 804
Brandenburg (29 476,67)	8,3	2 582 000	3,1	88
Bremen (404,28)	0,1	662 000	0,8	1 637
Hamburg (755,26)	0,2	1 729 000	2,1	2 289
Hessen (21 114,88)	5,9	6 092 000	7,4	289
Mecklenburg-Vorpommern (23 173,46)	6,5	1 745 000	2,1	75
Niedersachsen (47 617,97)	13,3	7 980 000	9,7	168
Nordrhein-Westfalen (34 082,76)	9,5	18 076 000	21,9	530
Rheinland-Pfalz (19 846,91)	5,6	4 058 000	4,9	204
Saarland (2 568,53)	0,7	1 065 000	1,3	415
Sachsen (18 413,29)	5,2	4 349 000	5,3	236
Sachsen-Anhalt (20 444,72)	5,7	2 549 000	3,1	125
Schleswig-Holstein (15 762,90)	4,4	2 817 000	3,4	179
Thüringen (16 172,21)	4,5	2 392 000	2,9	148
Deutschland (357 026,55)	99,9*	82 536 000	100	231

Es handelt sich um gerundete Angaben (Q.: Statistisches Bundesamt 2003).
* Da es sich um gerundete Angaben handelt, ergibt die Summe nicht genau 100 %.

Wissens- und Glücksspiel rund um die Bundesländer

Hinweis

Für unterschiedliche Spielvariationen kann der Spielleiter die Vorschläge auf Seite 27 als Vorlage benutzen.

Spielerzahl

ab 2 Personen

Spielmaterialien

je Spieler:	• 1 Spielplan (Seite 28)
	• 1 Stift
Spielleiter:	• 1 Stift
	• 1 Kontrollblatt (Blankopapier)
	• Spielvorschläge (Seite 27)

Auf dem Kontrollblatt notiert der Spielleiter die Namen der Bundesländer. So kann er am Ende des Spiels kontrollieren, ob der „Bingo"-rufende Schüler auch wirklich der Sieger ist.

Spielregeln

Dieses Spiel folgt den Spielregeln des Spiels „Bingo".

Jeder Spieler erhält einen Spielplan und hat nun die Aufgabe, in die 16 Felder seines Spielplans die Namen der Bundesländer Deutschlands zu schreiben.
Spieler, die nicht alle Bundesländer kennen, müssen auf ihrem Plan entsprechend viele Felder unbeschriftet lassen. Dann besitzen sie allerdings im nachfolgenden Spiel geringere Gewinnchancen. Doppelnennungen sind verboten.

Anschließend werden von einem neutralen Spielleiter (z. B. Lehrer) die Namen der Bundesländer ausgerufen. Die Reihenfolge ist dabei beliebig.
Die Spieler kennzeichnen die Kästchen in ihrem Spielplan, in denen sie die entsprechenden Bundesländer notiert haben.

Spielsieg

Der Spieler, der auf seinem Spielplan (als erster Spieler) 4 vom Spielleiter ausgerufene Bundesländer in einer Reihe kennzeichnen konnte, ruft „Bingo" und ist Gewinner des Spiels. Die Reihen können waagerecht, senkrecht oder diagonal verlaufen.

Spielvariationen

▷ Nachdem die Spieler die Namen der Bundesländer auf ihrem Spielplan notiert haben, ruft der Spielleiter nicht die Namen der Bundesländer, sondern z. B. die Hauptstädte der Bundesländer oder Sehenswürdigkeiten, Berge, Seen ..., die sich in den Bundesländern befinden.
Die Spieler markieren das jeweils damit anvisierte Bundesland auf ihrem Spielplan.

▷ Sieger wird, wer auf seinem Spielplan 4 vom Spielleiter angesprochene Bundesländer nicht in einer Reihe, sondern in einer anderen festgelegten Anordnung nachweisen kann, z. B. die 4 Eckfelder des Spielplans.

▷ Es können mehrere Spiele nacheinander ausgetragen und am Ende ein Gesamtsieger ermittelt werden.

F. Heitmann: Unterwegs in Deutschland
© Persen Verlag

Vorschläge für den neutralen Spielleiter

Spiel 1: Nennung der Bundesländer in folgender Reihenfolge:

1. Bayern	2. Niedersachsen	3. Baden-Württemberg
4. Nordrhein-Westfalen	5. Brandenburg	6. Mecklenburg-Vorpommern
7. Hessen	8. Sachsen-Anhalt	9. Rheinland-Pfalz
10. Sachsen	11. Thüringen	12. Schleswig-Holstein
13. Saarland	14. Berlin	15. Hamburg
16. Bremen		

Spiel 2: Nennung der Hauptstädte der Bundesländer in folgender Reihenfolge:

1. Wiesbaden (Hessen)	2. Stuttgart (Baden-Württemberg)	3. Schwerin (Mecklenburg-Vorpommern)
4. Saarbrücken (Saarland)	5. Potsdam (Brandenburg)	6. München (Bayern)
7. Mainz (Rheinland-Pfalz)	8. Magdeburg (Sachsen-Anhalt)	9. Kiel (Schleswig-Holstein)
10. Hannover (Niedersachsen)	11. Hamburg (Hamburg)	12. Erfurt (Thüringen)
13. Düsseldorf (Nordrhein-Westfalen)	14. Dresden (Sachsen)	15. Bremen (Bremen)
16. Berlin (Berlin)		

Spiel 3: Nennung der Begriffe in folgender Reihenfolge:

1. Brandenburger Tor (Berlin)	2. Mosel (Rheinland-Pfalz)	3. Fehmarn (Schleswig-Holstein)
4. Ruhrgebiet (Nordrhein-Westfalen)	5. Außenalster (Hamburg)	6. Frankfurt/Main (Hessen)
7. Brocken (u. a. Sachsen-Anhalt)	8. Schwarzwald (Baden-Württemberg)	9. Elbeseitenkanal (Niedersachsen)
10. Spreewald (Brandenburg)	11. Wartburg (Thüringen)	12. Chiemsee (Bayern)
13. Rolandsäule (Bremen)	14. Zwinger (Sachsen)	15. Greifswalder Bodden (Mecklenburg-Vorpommern)
16. Saarlois (Saarland)		

11 Rund um Deutschland

Würfelspiel zu den Nachbarstaaten und Bundesländern Deutschlands

Spielerzahl
2–6 Personen (oder Teams)

Spielmaterialien
- 1 Spielplan (Seite 30)
- 1 Würfel

je Spieler: • 1 Spielfigur
Spielleiter: • evtl. 1 Lösungsblatt (Seite 31)

Herstellung des Spielplans
Der Spielplan (Seite 30) wird zumindest auf DIN-A3-Format vergrößert. Am besten wird er gleich auf festes Papier kopiert.
Nun kann der Spielplan bunt angemalt werden (v. a. die Wasserflächen).

Spielregeln
Bei diesem Spiel können die Spieler dem Ziel nur näher kommen, wenn sie die zum Feld passende Aufgabe korrekt gelöst haben. Ein Spielleiter kontrolliert die Richtigkeit der Aussagen oder die Spieler überprüfen sich gegenseitig. Dabei können sie einen Atlas zu Hilfe nehmen.

Die Spielsteine werden auf dem Startfeld platziert. Es wird im Uhrzeigersinn gewürfelt. Wer zuerst eine 6 würfelt, beginnt.
Die Augenzahl des Würfels entscheidet, wie viele Felder der jeweilige Spieler vorrücken darf. Der Spielstein darf jedoch nur dann vorgezogen werden, wenn der Spieler die Aufgabe des zu erreichenden Nummernfeldes richtig lösen kann. Das heißt, er muss das zum Nummernfeld passende Bundesland oder den Nachbarstaat auf der Karte finden und dessen Namen nennen.
Würde der Spieler beispielsweise das Feld mit der Nr. 13 erreichen, sucht er auf der Karte das Bundesland oder den Nachbarstaat mit der entsprechenden Nummer und nennt dessen Namen.
Bei der Nr. 13 ist „Niedersachsen" die richtige Antwort und der Spieler setzt seinen Spielstein auf das Feld mit der Nr. 13.
Bei falscher oder nicht gegebener Antwort bleibt der Spieler auf seinem Feld stehen.
Es dürfen beliebig viele Spielfiguren auf einem Feld stehen. (Die wiederholte Nennung eines Landes kann ja auch ganz nützlich sein!)
Bei einer 6 darf nicht noch einmal gewürfelt werden.

Spielsieg
Sieger ist, wer auf dem Spielplan 2 Runden absolviert hat. Um das Zielfeld zu erreichen, muss keine Frage mehr beantwortet werden.
Das Zielfeld muss nicht genau getroffen, sondern nur überschritten werden.

Spielvariationen
▷ Das Spiel wird nur über 1 Runde bestritten (Kurzspiel).

▷ Nicht nur der jeweilige Nachbarstaat oder das jeweilige Bundesland sind zu nennen, sondern auch die Hauptstadt, eine Sehenswürdigkeit ... dieses Landes.
Diese Variante bietet sich vor allem an, wenn man das Spiel über mehrere Runden (z. B. 3 oder 4) spielen möchte.

▷ Ein Gegenspieler oder der Spielleiter stellt zum jeweiligen Staat oder Bundesland eine Aufgabe, die es zu beantworten gilt.

▷ Jeder Spieler hat 2 Spielfiguren, mit denen das Ziel erreicht werden muss. Der Spieler darf mit einer beliebigen Spielfigur ziehen.

▷ Das Spiel wird ohne Würfel ausgetragen. Je nachdem, wie viele richtige (geographische) Aussagen ein Spieler zu dem jeweiligen Land machen kann, darf die Spielfigur vorgezogen werden (pro Spielzug max. 6 Felder).

21	22	23	24	25	1

ZIEL START →

| 20 | | | | | 2 |

| 19 | | | | | 3 |

| 18 | | | | | 4 |

| 17 | | | | | 5 |

| 16 | | | | | 6 |

| 15 | | | | | 7 |

| 14 | | | | | 8 |

Rund um Deutschland

13	12	11	10	9

F. Heitmann: Unterwegs in Deutschland
© Persen Verlag

NR.	NACHBARSTAATEN	HAUPTSTÄDTE
1	Dänemark	Kopenhagen
2	Polen	Warschau
3	Tschechien	Prag
4	Österreich	Wien
5	Schweiz	Bern
6	Frankreich	Paris
7	Luxemburg	Luxemburg
8	Belgien	Brüssel
9	Niederlande	Amsterdam

NR.	BUNDESLÄNDER	LANDESHAUPTSTÄDTE
10	Schleswig-Holstein	Kiel
11	Hamburg	Hamburg
12	Bremen	Bremen
13	Niedersachsen	Hannover
14	Mecklenburg-Vorpommern	Schwerin
15	Brandenburg	Potsdam
16	Berlin	Berlin
17	Sachsen-Anhalt	Magdeburg
18	Thüringen	Erfurt
19	Sachsen	Dresden
20	Nordrhein-Westfalen	Düsseldorf
21	Rheinland-Pfalz	Mainz
22	Hessen	Wiesbaden
23	Saarland	Saarbrücken
24	Baden-Württemberg	Stuttgart
25	Bayern	München

Fülle die Tabelle aus!

Bundesländer	Große Städte	Flüsse	Bedeutende Kanäle	Binnenseen	Gebirge/Höhenzüge
Baden-Württemberg					
Bayern					
Berlin					
Brandenburg					
Bremen					
Hamburg					
Hessen					
Mecklenburg-Vorpommern					

F. Heitmann: Unterwegs in Deutschland
© Persen Verlag

Fülle die Tabelle aus!

Bundesländer	Große Städte	Flüsse	Bedeutende Kanäle	Binnenseen	Gebirge/Höhenzüge
Niedersachsen					
Nordrhein-Westfalen					
Rheinland-Pfalz					
Saarland					
Sachsen					
Sachsen-Anhalt					
Schleswig-Holstein					
Thüringen					

Bundesländer	Große Städte	Flüsse	Bedeutende Kanäle	Binnenseen	Gebirge/Höhenzüge
Baden-Württemberg	Stuttgart, Mannheim, Karlsruhe, Freiburg, Ulm, Heidelberg, Heilbronn, Pforzheim, Reutlingen	Rhein, Donau, Neckar		Bodensee, Titisee, Schluchsee	Schwarzwald, Schwäbische Alb
Bayern	München, Nürnberg, Augsburg, Regensburg, Ingolstadt, Erlangen, Würzburg	Main, Altmühl, Donau, Iller, Lech, Isar, Inn, Naab, Regen	Main-Donau-Kanal	Ammersee, Starnberger See, Chiemsee, Walchensee, Königssee, Kochelsee	Alpen, Bayerischer Wald, Oberpfälzer Wald, Fichtelgebirge, Spessart, Rhön
Berlin	Berlin	Havel, Spree	Teltow-Kanal, Hohenzollern-Kanal	Großer Müggelsee, Tegeler See	
Brandenburg	Potsdam, Cottbus, Wittenberge	Havel, Spree, Oder	Oder-Havel-Kanal, Rhinkanal, Oder-Spree-Kanal	Schwielochsee, Werbellinsee, Stolpsee, Scharmützelsee	
Bremen	Bremen, Bremerhaven	Weser, Lesum			
Hamburg	Hamburg	Elbe, Alster, Bille	Isebekkanal, Osterbek-kanal, Goldbekkanal, Mundsburger Kanal, Mittelkanal	Eichbaumsee, Hohendeicher See	
Hessen	Frankfurt/Main, Wiesbaden, Kassel, Darmstadt, Offenbach	Fulda, Werra, Main		Edersee	Taunus, Vogelsberg, Odenwald, Rhön
Mecklenburg-Vorpommern	Rostock, Schwerin, Waren, Neubrandenburg	Warnow, Elde, Peene, Trebel	Ludwigsluster Kanal	Müritz, Schweriner See, Plauer See, Kummerower See, Tollensesee	

Die Übersicht enthält eine Auswahl der geographischen Gegebenheiten und erhebt daher keinen Anspruch auf Vollständigkeit.

F. Heitmann: Unterwegs in Deutschland
© Persen Verlag

Bundesländer	Große Städte	Flüsse	Bedeutende Kanäle	Binnenseen	Gebirge/Höhenzüge
Niedersachsen	Hannover, Osnabrück, Oldenburg, Braunschweig, Göttingen, Wolfsburg, Salzgitter, Hildesheim	Weser, Ems, Leine, Aller	Elbeseitenkanal, Mittellandkanal, Küstenkanal, Ems-Jade-Kanal	Dümmer, Steinhuder Meer, Zwischenahner Meer	Harz, Solling, Elm, Ith, Hils
Nordrhein-Westfalen	Köln, Essen, Dortmund, Düsseldorf, Duisburg, Bochum, Wuppertal, Bielefeld, Bonn, Gelsenkirchen, Münster	Rhein, Ruhr, Lippe, Sieg, Wupper, Ems	Dortmund-Ems-Kanal, Rhein-Herne-Kanal	Möhnesee, Baldeneysee	Teutoburger Wald, Eggegebirge, Rothaargebirge
Rheinland-Pfalz	Mainz, Ludwigshafen, Koblenz, Kaiserslautern	Mosel, Rhein, Lahn, Ahr		Laacher See	Eifel, Westerwald, Hunsrück, Haardt
Saarland	Saarbrücken, Saarlois	Saar			Ausläufer des Hunsrücks, Saar-Nahe-Bergland
Sachsen	Dresden, Leipzig, Chemnitz, Zwickau	Elbe, (Lausitzer) Neiße, Mulde			Erzgebirge, Elbsandsteingebirge
Sachsen-Anhalt	Halle/Saale, Magdeburg, Dessau	Elbe, Saale, Unstrut, Bode, Wipper, Ohre	Mittellandkanal, Elbe-Havel-Kanal		Harz
Schleswig-Holstein	Kiel, Lübeck, Flensburg, Heide	Eider, Trave, Treene, Stör	Nord-Ostsee-Kanal, Elbe-Lübeck-Kanal	Großer Plöner See, Ratzeburger See, Selenter See, Schaalsee	
Thüringen	Erfurt, Gera, Jena	Werra, Saale, Ilm, Unstrut			Thüringer Wald, Hainich, Hainleite, Kyffhäuser

Die Übersicht enthält eine Auswahl der geographischen Gegebenheiten und erhebt daher keinen Anspruch auf Vollständigkeit.

Kartenspiel zu den Besonderheiten der Bundesländer

Spielerzahl
ab 2 Personen, möglichst 4 oder 8 Personen

Spielmaterialien
- 64 Spielkarten (Seite 37–44)

Spielleiter: • evtl. Lösungsblätter
(Spielvorlagen Seite 37–44)

außerdem für die Spielvariationen:
- Blankovorlage (Seite 45)

Herstellung der Spielkarten
Die Vorlagen für die Spielkarten werden auf einen härteren Untergrund kopiert, ggf. laminiert und einzeln ausgeschnitten. Die grau hinterlegten „Lösungsfelder" mit den Namen der Bundesländer dienen einer Spielvariation. Sie müssen für das Hauptspiel abgeschnitten werden.

Spielregeln
Zu jedem Bundesland sind jeweils 4 Karten im Spiel. Auf einer Karte erscheint das Bundesland mit seinem Wappen, auf den 3 anderen Karten befinden sich Hinweise zu dem jeweiligen Bundesland.
Die Karten werden gut gemischt unter den Spielern aufgeteilt. Jeder Spieler sieht sich seine Karten genau an. Sollte ein Spieler schon alle 4 Karten zu einem Bundesland auf der Hand haben, liest er die jeweiligen Hinweise laut vor. Gehören die 4 Hinweise zu einem Bundesland, darf der Spieler diese Karten neben sich ablegen.
Weniger als 4 Karten zu einem Bundesland behält er auf der Hand.
Nun beginnt das eigentliche Spiel und es wird ermittelt, welcher Spieler beginnt. Dieser Spieler darf alle zu einem (!) Bundesland gehörenden Spielkarten in der Mitte ablegen, nachdem er die Hinweise laut vorgelesen hat. Dies sollten jetzt 3 oder zumindest 2 Karten sein. Hat er keine zusammenhängenden Karten mehr auf der Hand, kann er auch nur 1 Karte ablegen. Je mehr Karten der Spieler ablegen kann, desto besser, da es Ziel des Spiels ist, die Karten so schnell wie möglich

loszuwerden. Die anderen Spieler schauen nun in ihren eigenen Karten nach, ob sie eine oder mehrere Karten besitzen, die dasselbe Bundesland beschreiben, wie die in der Mitte liegende(n) Karte(n). Diese Karte(n) dürfen sie ebenfalls in der Mitte ablegen.
Wenn kein Spieler mehr eine Karte zu dem Bundesland ablegen möchte, ist der nächste an der Reihe. Dieser darf sich nun auch wiederum aussuchen, zu welchem Bundesland er Karten ablegen möchte.
Sollte ein Spieler nicht erkennen, dass er eine passende Karte auf der Hand hat, kann er diese irgendwann in der Mitte ablegen, wenn er am Zug ist. (Vielleicht ist ihm ein anderer Spieler dann dankbar, der auch erst später erkannt hat, dass er eine passende Karte gehabt hätte.)
Legt ein Spieler eine falsche Karte ab, muss er diese zurücknehmen. Zusätzlich muss er von dem Spieler, der am Zug ist, eine Karte ziehen oder er bekommt eine vom Mitspieler ausgewählte Karte. Die Spielkontrolle erfolgt durch alle Spieler gemeinsam. Zusätzlich könnte ein neutraler Spielleiter eingesetzt werden, der Einsicht in die Lösungsblätter erhält.

Spielsieg
Sieger ist, wer zuerst alle Karten ablegen konnte.

Spielvariationen
▷ Mit den vorhandenen Karten lässt sich das Kartenspiel „Quartett" spielen.
Möchte man das Quartettspiel vereinfachen, können die grau hinterlegten Namen der Bundesländer bei der Herstellung der Karten auf der Karte erhalten bleiben.

▷ Die Karten werden für das Spiel „Memory" genutzt.

▷ Mithilfe der Blankovorlage werden Spielkarten angefertigt, die andere Hinweise zu Bundesländern enthalten. Oder man erweitert das Spiel um die Nachbarstaaten.

BADEN-WÜRTTEMBERG	BAYERN
Neckar	**Das größte Bundesland Deutschlands**
Schwarzwald	**Zugspitze**
Stuttgart	**München**
Baden-Württemberg	Bayern

BERLIN — Bär (Wappentier dieses Bundeslandes)	**BRANDENBURG** — „Streusandbüchse des Heiligen Römischen Reiches ..."
BERLIN — Kurfürstendamm	**BRANDENBURG** — Spreewald
BERLIN — Reichstagsgebäude	**BRANDENBURG** — Potsdam
BERLIN — Berlin	**BRANDENBURG** — Brandenburg

F. Heitmann: Unterwegs in Deutschland
© Persen Verlag

BREMEN — Das kleinste Bundesland Deutschlands	**HAMBURG** — „Das Tor zur Welt"
BREMEN — Stadtmusikanten	**HAMBURG** — Die Stadt hat mehr Brücken als Venedig
BREMEN — Bremerhaven	**HAMBURG** — Binnenalster
BREMEN — Bremen	**HAMBURG** — Hamburg

HESSEN	MECKLENBURG-VORPOMMERN
Edertalsperre	**Bundesland mit der geringsten Bevölkerungs- dichte**
Taunus	**Rügen**
Wiesbaden	**Schwerin**
Hessen	Mecklenburg-Vorpommern

F. Heitmann: Unterwegs in Deutschland
© Persen Verlag

NIEDERSACHSEN	NORDRHEIN-WESTFALEN
Lüneburger Heide	**Das bevölke-rungsreichste Bundesland**
Steinhuder Meer	**Ruhrgebiet**
Hannover	**Düsseldorf**
Niedersachsen 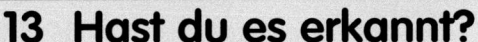	Nordrhein-Westfalen

RHEINLAND-PFALZ	„Land der Rüben und Reben"	SAARLAND	Eine „Keimzelle Europas"
RHEINLAND-PFALZ	Hunsrück	SAARLAND	Seit 1957 Bundesland Deutschlands
RHEINLAND-PFALZ	Mainz	SAARLAND	Saarbrücken
RHEINLAND-PFALZ	Rheinland-Pfalz	SAARLAND	Saarland

F. Heitmann: Unterwegs in Deutschland
© Persen Verlag

SACHSEN	„Trabi" (typisches DDR-Auto aus Zwickau)
SACHSEN	Erzgebirge
SACHSEN	Dresden
SACHSEN	Sachsen

SACHSEN-ANHALT	
SACHSEN-ANHALT	Altmark
SACHSEN-ANHALT	Brocken
SACHSEN-ANHALT	Magdeburg
SACHSEN-ANHALT	Sachsen-Anhalt

SCHLESWIG-HOLSTEIN	THÜRINGEN
„Das Land zwischen den Meeren"	„Das grüne Herz Deutschlands"
Sylt	Wartburg
Kiel	Erfurt
Schleswig-Holstein	Thüringen

44

14 Unterwegs in Deutschland

In bzw. bei welchen Städten und Bundesländern befinden sich die Sehenswürdigkeiten?*

Nr.	Sehenswürdigkeit	Stadt	Bundesland	P.
1	Brandenburger Tor			
2	Schloss Sanssouci			
3	Zwinger			
4	Porta Nigra			
5	Goethe-Nationalmuseum			
6	Christkindlmarkt			
7	Herrenhäuser Gärten			
8	Völkerschlachtdenkmal			
9	St. Michaeliskirche („Michel")			
10	Römer			
11	Deutsches Museum			
12	Lutherhaus			
13	Rolandsäule			
14	Königsstuhl			
15	Stadtmusikanten			
16	Neue Staatsgalerie			
17	Wallhalla			
18	Deutsches Eck			
19	Herkules			
20	Mäuseturm			
21	Holstentor			
22	Hermannsdenkmal			
23	Gutenbergmuseum			
24	Wartburg			

* Je nach Belieben lässt sich dieses Arbeitsblatt auch als Spiel gestalten (1 Begriff = 1 Punkt).

Lösungshilfe – die gesuchten Städte in alphabetischer Reihenfolge

Berlin, Bingen, Bremen, Bremen, Detmold, Dresden, Eisenach, Frankfurt/Main, Hamburg, Hannover, Kassel, Koblenz, Leipzig, Lübeck, Mainz, München, Nürnberg, Potsdam, Regensburg, Saßnitz, Stuttgart, Trier, Weimar, Wittenberg

Nr.	Sehenswürdigkeit	Stadt	Bundesland
1	Brandenburger Tor	*Berlin*	*Berlin*
2	Schloss Sanssouci	*Potsdam*	*Brandenburg*
3	Zwinger	*Dresden*	*Sachsen*
4	Porta Nigra	*Trier*	*Rheinland-Pfalz*
5	Goethe-Nationalmuseum	*Weimar*	*Thüringen*
6	Christkindlmarkt	*Nürnberg*	*Bayern*
7	Herrenhäuser Gärten	*Hannover*	*Niedersachsen*
8	Völkerschlachtdenkmal	*Leipzig*	*Sachsen*
9	St. Michaeliskirche („Michel")	*Hamburg*	*Hamburg*
10	Römer	*Frankfurt/Main*	*Hessen*
11	Deutsches Museum	*München*	*Bayern*
12	Lutherhaus	*Wittenberg*	*Sachsen-Anhalt*
13	Rolandsäule	*Bremen*	*Bremen*
14	Königsstuhl	*Saßnitz*	*Mecklenburg-Vorp.*
15	Stadtmusikanten	*Bremen*	*Bremen*
16	Neue Staatsgalerie	*Stuttgart*	*Baden-Württemberg*
17	Wallhalla	*Regensburg*	*Bayern*
18	Deutsches Eck	*Koblenz*	*Rheinland-Pfalz*
19	Herkules	*Kassel*	*Hessen*
20	Mäuseturm	*Bingen*	*Rheinland-Pfalz*
21	Holstentor	*Lübeck*	*Schleswig-Holstein*
22	Hermannsdenkmal	*Detmold*	*Nordrhein-Westfalen*
23	Gutenbergmuseum	*Mainz*	*Rheinland-Pfalz*
24	Wartburg	*Eisenach*	*Thüringen*

2

3

4

5

6

8

9

10

1

22

20

7

26

23

21

16

41

26

15

24

27

37

22

34

38

39

42

25

43

22

32

35

27

33

40

18

47

36

48

17

46

49

15

19

30

45

28

28

29

31

12

14

11

13

50

15

50

50

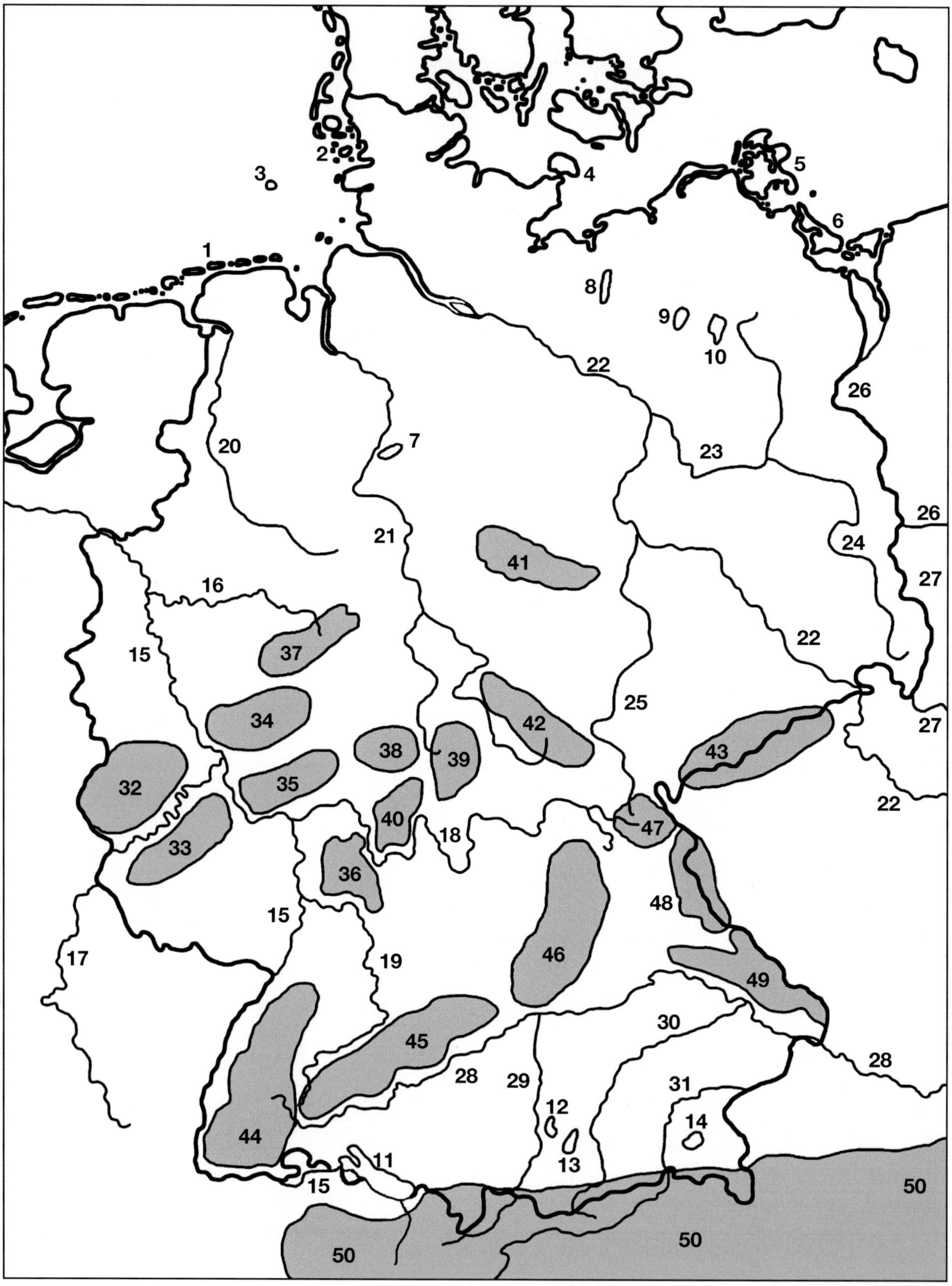

F. Heitmann: Unterwegs in Deutschland
© Persen Verlag

15 Physische Geographie Deutschlands

Betrachte die Deutschlandkarte (Seite 48) und notiere die Namen der dort nummerierten geographischen Phänomene.

NR.	GEOGRAPHISCHES PHÄNOMEN	NR.	GEOGRAPHISCHES PHÄNOMEN
1	(Inselgruppe)	2	(Inselgruppe)
3	(Insel)	4	(Insel)
5	(Insel)	6	(Insel)
7	(Binnensee)	8	(Binnensee)
9	(Binnensee)	10	(Binnensee)
11	(Binnensee)	12	(Binnensee)
13	(Binnensee)	14	(Binnensee)
15	(Fluss)	16	(Fluss)
17	(Fluss)	18	(Fluss)
19	(Fluss)	20	(Fluss)
21	(Fluss)	22	(Fluss)
23	(Fluss)	24	(Fluss)
25	(Fluss)	26	(Fluss)
27	(Fluss)	28	(Fluss)
29	(Fluss)	30	(Fluss)
31	(Fluss)	32	(Mittelgebirge)
33	(Mittelgebirge)	34	(Mittelgebirge)
35	(Mittelgebirge)	36	(Mittelgebirge)
37	(Mittelgebirge)	38	(Mittelgebirge)
39	(Mittelgebirge)	40	(Mittelgebirge)
41	(Mittelgebirge)	42	(Mittelgebirge)
43	(Mittelgebirge)	44	(Mittelgebirge)
45	(Mittelgebirge)	46	(Mittelgebirge)
47	(Mittelgebirge)	48	(Mittelgebirge)
49	(Mittelgebirge)	50	(Hochgebirge)

NR.	GEOGRAPHISCHES PHÄNOMEN	NR.	GEOGRAPHISCHES PHÄNOMEN
1	Ostfriesische Inseln (Inselgruppe)	2	Nordfriesische Inseln (Inselgruppe)
3	Helgoland (Insel)	4	Fehmarn (Insel)
5	Rügen (Insel)	6	Usedom (Insel)
7	Steinhuder Meer (Binnensee)	8	Schweriner See (Binnensee)
9	Plauer See (Binnensee)	10	Müritz (Binnensee)
11	Bodensee (Binnensee)	12	Ammersee (Binnensee)
13	Starnberger See (Binnensee)	14	Chiemsee (Binnensee)
15	Rhein (Fluss)	16	Ruhr (Fluss)
17	Mosel (Fluss)	18	Main (Fluss)
19	Neckar (Fluss)	20	Ems (Fluss)
21	Weser (Fluss)	22	Elbe (Fluss)
23	Havel (Fluss)	24	Spree (Fluss)
25	Saale (Fluss)	26	Oder (Fluss)
27	(Lausitzer) Neiße (Fluss)	28	Donau (Fluss)
29	Lech (Fluss)	30	Isar (Fluss)
31	Inn (Fluss)	32	Eifel (Mittelgebirge)
33	Hunsrück (Mittelgebirge)	34	Westerwald (Mittelgebirge)
35	Taunus (Mittelgebirge)	36	Odenwald (Mittelgebirge)
37	Rothaargebirge (Mittelgebirge)	38	Vogelsberg (Mittelgebirge)
39	Rhön (Mittelgebirge)	40	Spessart (Mittelgebirge)
41	Harz (Mittelgebirge)	42	Thüringer Wald (Mittelgebirge)
43	Erzgebirge (Mittelgebirge)	44	Schwarzwald (Mittelgebirge)
45	Schwäbische Alb (Mittelgebirge)	46	Fränkische Alb (Mittelgebirge)
47	Fichtelgebirge (Mittelgebirge)	48	Oberpfälzer Wald (Mittelgebirge)
49	Bayerischer Wald (Mittelgebirge)	50	Alpen (Hochgebirge)

16 Großlandschaften Deutschlands

1) **Deutschland lässt sich naturgeographisch in sechs* Großlandschaften gliedern. Ordne die Nummern auf der Karte den angegebenen Großlandschaften zu.**

Nr. ____ = Südwestdeutsches Schichtstufenland

Nr. ____ = Alpen

Nr. ____ = Norddeutsches Tiefland

Nr. ____ = Oberrheinische Tiefebene
(und Randlandschaften)

Nr. ____ = Deutsche Mittelgebirgsschwelle

Nr. ____ = Alpenvorland

2) **Welche Großlandschaft wird jeweils beschrieben? Trage ein!**

zahlreiche Gebirge, in den Höhen und Tiefen
sehr abwechslungsreich, bis ca. 1 200 m Höhe

_____

Hochgebirge, u. a. höchster Berg in Deutschland,
fast 3 000 m hoch

_____

flach bis hügelig, sehr stark durch Eiszeiten
vorgeformt, bis ca. 200 m Höhe

_____

Hochebene (ca. 500 m Höhe), hügelige
Moränengebiete mit Seen, Schotterflächen

_____

schräge, unterschiedlich widerstandsfähige
Gesteinsschichten, bis max. ca. 1 000 m Höhe

_____

alter Grabenbruch, später ausgefüllt mit Fluss-
ablagerungen, umgeben von gehobenen Flanken

_____

3) **In welcher der sechs Großlandschaften liegen die Städte?**

Garmisch-Partenkirchen   ▷ _____

Karlsruhe   ▷ _____

Kassel   ▷ _____

München   ▷ _____

* In der Literatur werden auch andere naturräumliche Gliederungen vorgenommen.

16 Großlandschaften Deutschlands – Lösungen

1) Deutschland lässt sich naturgeographisch in sechs* Großlandschaften gliedern. Ordne die Nummern auf der Karte den angegebenen Großlandschaften zu.

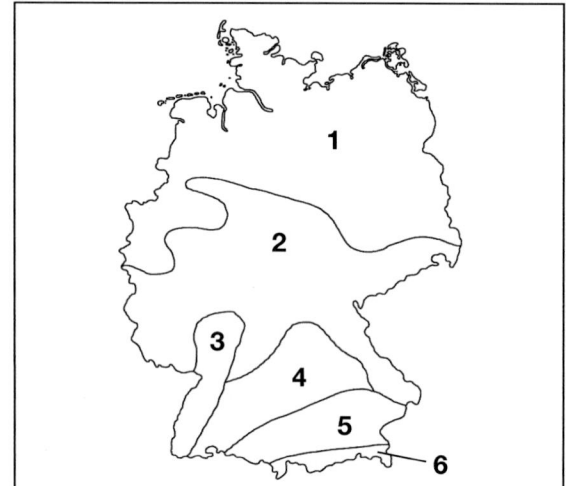

Nr. _4_ = Südwestdeutsches Schichtstufenland

Nr. _6_ = Alpen

Nr. _1_ = Norddeutsches Tiefland

Nr. _3_ = Oberrheinische Tiefebene (und Randlandschaften)

Nr. _2_ = Deutsche Mittelgebirgsschwelle

Nr. _5_ = Alpenvorland

2) Welche Großlandschaft wird jeweils beschrieben? Trage ein!

zahlreiche Gebirge, in den Höhen und Tiefen sehr abwechslungsreich, bis ca. 1 200 m Höhe	*Deutsche Mittelgebirgsschwelle*
Hochgebirge, u. a. höchster Berg in Deutschland, fast 3 000 m hoch	*Alpen*
flach bis hügelig, sehr stark durch Eiszeiten vorgeformt, bis ca. 200 m Höhe	*Norddeutsches Tiefland*
Hochebene (ca. 500 m Höhe), hügelige Moränengebiete mit Seen, Schotterflächen	*Alpenvorland*
schräge, unterschiedlich widerstandsfähige Gesteinsschichten, bis max. ca. 1 000 m Höhe	*Südwestdeutsches Schichtstufenland*
alter Grabenbruch, später ausgefüllt mit Flussablagerungen, umgeben von gehobenen Flanken	*Oberrheinische Tiefebene*

3) In welcher der sechs Großlandschaften liegen die Städte?

Garmisch-Partenkirchen	▷	*Alpen*
Karlsruhe	▷	*Oberrheinische Tiefebene*
Kassel	▷	*Deutsche Mittelgebirgsschwelle*
München	▷	*Alpenvorland*

* In der Literatur werden auch andere naturräumliche Gliederungen vorgenommen.

F. Heitmann: Unterwegs in Deutschland
© Persen Verlag

17 Querschnitt durch Deutschland

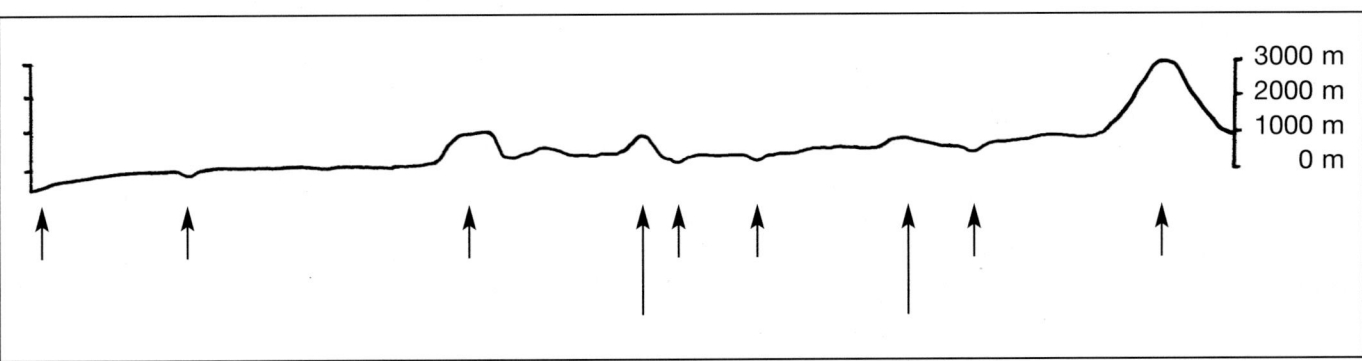

1) Der vereinfachte Querschnitt durch Deutschland verläuft von ...

_____

2) Welche vier Gebirgszüge sind im Querschnitt jeweils durch die Pfeile gekennzeichnet?

_____

3) Welches Meer und welche vier Flüsse sind im Querschnitt jeweils durch die Pfeile gekennzeichnet?

_____

4) Durch welche fünf Großlandschaften Deutschlands verläuft der Querschnitt?

_____

_____

5) Male den Querschnitt mit den üblichen Farben für Karten an. Berücksichtige dabei die Farben für unterschiedliche Höhen. Nimm einen Atlas zu Hilfe.

_____

6) Nimm einen Atlas und zeichne anhand einer Deutschlandkarte einen vereinfachten Querschnitt. Suche dir den Start- und Zielpunkt selbst aus. Nutze evtl. auch die Rückseite.

Lösungshilfe – Anfangsbuchstaben der gesuchten Begriffe in der richtigen Reihenfolge								
O…	E…	H…	T…	W…	M…	F…	D…	A…

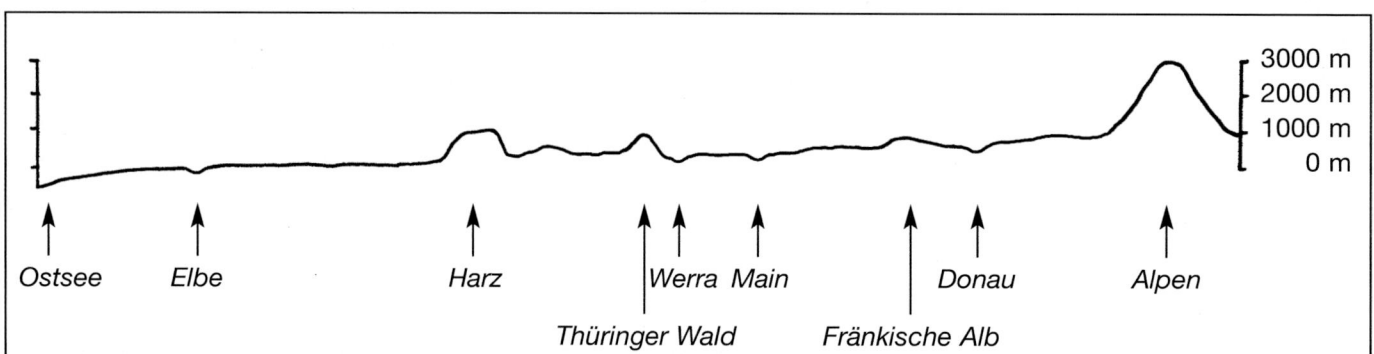

1) Der vereinfachte Querschnitt durch Deutschland verläuft von ...

   ... Norden nach Süden; von der Ostsee bis zu den Alpen.

2) Welche vier Gebirgszüge sind im Querschnitt jeweils durch die Pfeile gekennzeichnet?

   Harz, Thüringer Wald, Fränkische Alb, Alpen

3) Welches Meer und welche vier Flüsse sind im Querschnitt jeweils durch die Pfeile gekennzeichnet?

   Ostsee, Elbe, Werra, Main, Donau

4) Durch welche fünf Großlandschaften Deutschlands verläuft der Querschnitt?

   Norddeutsches Tiefland, Deutsche Mittelgebirgsschwelle, Südwestdeutsches

   Schichtstufenland, Alpenvorland, Alpen

5) Male den Querschnitt mit den üblichen Farben für Karten an. Berücksichtige dabei die Farben für unterschiedliche Höhen. Nimm einen Atlas zu Hilfe.

   – Lösung siehe Atlas –

6) Nimm einen Atlas und zeichne anhand einer Deutschlandkarte einen vereinfachten Querschnitt. Suche dir den Start- und Zielpunkt selbst aus. Nutze evtl. auch die Rückseite.

   – Lösung individuell –

F. Heitmann: Unterwegs in Deutschland
© Persen Verlag

18 Bundesligavereine

Trage die Vereinsnamen einer beliebigen Bundesliga-Tabelle* ein und fülle aus!

Sportart:			
Nr.	**Vereinsname**	**Bundesland**	**Großlandschaft**
1			
2			
3			
4			
5			
6			
7			
8			
9			
10			
11			
12			
13			
14			
15			
16			
17			
18			

* Aus Tages- und Sportzeitungen kann zu verschiedenen Sportarten entnommen werden, welche Vereine in den Bundesligen spielen.

Sportart: *Fußball (1. Bundesliga)*			*Saison 2004/2005*
Nr.	**Vereinsname**	**Bundesland**	**Großlandschaft**
1	*Hamburger SV*	*Hamburg*	*Norddeutsches Tiefland*
2	*FC Hansa Rostock*	*Mecklenburg-Vorpommern*	*Norddeutsches Tiefland*
3	*SV Werder Bremen*	*Bremen*	*Norddeutsches Tiefland*
4	*VfL Wolfsburg*	*Niedersachsen*	*Norddeutsches Tiefland*
5	*Hannover 96*	*Niedersachsen*	*Norddeutsches Tiefland*
6	*Hertha BSC Berlin*	*Berlin*	*Norddeutsches Tiefland*
7	*Arminia Bielefeld*	*Nordrhein-Westfalen*	*Dt. Mittelgebirgsschwelle*
8	*FC Schalke 04*	*Nordrhein-Westfalen*	*Norddeutsches Tiefland*
9	*VfL Bochum*	*Nordrhein-Westfalen*	*Norddeutsches Tiefland*
10	*Borussia Dortmund*	*Nordrhein-Westfalen*	*Norddeutsches Tiefland*
11	*Borussia Mönchengladbach*	*Nordrhein-Westfalen*	*Norddeutsches Tiefland*
12	*Bayer 04 Leverkusen*	*Nordrhein-Westfalen*	*Norddeutsches Tiefland*
13	*1. FSV Mainz 05*	*Rheinland-Pfalz*	*Oberrheinische Tiefebene (und Randlandschaften)*
14	*1. FC Kaiserslautern*	*Rheinland-Pfalz*	*Dt. Mittelgebirgsschwelle*
15	*VfB Stuttgart*	*Baden-Württemberg*	*Südwestdeutsches Schichtstufenland*
16	*SC Freiburg*	*Baden-Württemberg*	*Oberrheinische Tiefebene (und Randlandschaften)*
17	*1. FC Nürnberg*	*Bayern*	*Südwestdeutsches Schichtstufenland*
18	*FC Bayern München*	*Bayern*	*Alpenvorland*

F. Heitmann: Unterwegs in Deutschland
© Persen Verlag

NR.	FACHBEGRIFF	BEDEUTUNG
1		regelmäßiger Wechsel von Ebbe und Flut
2		Höhenunterschied zwischen Hoch- und Niedrigwasser
3		freigelegter Meeresstreifen bei Ebbe
4		schmale, flussähnliche Wasserrinne im Wattenmeer, die dem Wasser, je nach Gezeit, als Zu- oder Abflussrinne dient
5		auf die Küste auflaufende und brechende Wellen
6		durch Brandung verursachte Erosion (Abtragung) der Küsten
7		aufgeschütteter Wall am Meer- oder Flussufer, zum Schutz vor Überflutungen
8		Schleuse im Deich am Ende eines die Marsch entwässernden Kanals
9		aus Sand und Schlick bestehende Anschwemmungen an flachen Gezeitenküsten
10		dem Meer abgewonnenes, eingedeichtes Marschland im westlichen Schleswig-Holstein
11		niedriger Dammbau aus Erde, Pfählen und Buschwerk zur Landgewinnung
12		ins Wasser hineingebauter Damm als Uferschutz, besteht oft aus Pfählen und Steinen
13		salzunempfindliche Pflanze, die als Schlickfänger zur Landgewinnung beiträgt
14		kleine, meist nicht eingedeichte nordfriesische Marschinsel
15		künstlicher, von Menschen aufgeschütteter Erdhügel zum Schutz vor Wasser
16		große vom Wind angewehte Sandablagerung
17		Sand- und Schlammbank in der Einmündung eines Flusses ins Meer
18		lang gestreckte Meeresbucht; bildete sich nach der Eiszeit in der Schmelzwasserrinne
19		flache, zerlappte Meeresbucht; entstanden durch Überflutung einer Grundmoränenlandschaft
20		felsiger, steiler Hang einer Küste
21		vorspringender Teil eines Ufers oder Küste; manchmal eine hoch aufragende Landspitze
22		gemauerter Damm zum Schutz eines Hafens vor Seegang und Versandung
23		befestigte Anlegestelle für Schiffe (Kurzbezeichnung für „Kaianlage"/„Kaimauer")

Lösungshilfe – die Fachbegriffe in alphabetischer Reihenfolge

Abrasion, Barre, Bodden, Brandung, Buhne, Deich, Düne, Förde, Gezeiten, Hallig, Kai, Kap, Kliff, Koog, Lahnung, Marsch, Mole, Priel, Queller, Siel, Tidenhub, Wattenmeer, Wurt

NR.	FACHBEGRIFF	BEDEUTUNG
1	Gezeiten	regelmäßiger Wechsel von Ebbe und Flut
2	Tidenhub	Höhenunterschied zwischen Hoch- und Niedrigwasser
3	Wattenmeer („Watt")	freigelegter Meeresstreifen bei Ebbe
4	Priel	schmale, flussähnliche Wasserrinne im Wattenmeer, die dem Wasser, je nach Gezeit, als Zu- oder Abflussrinne dient
5	Brandung	auf die Küste auflaufende und brechende Wellen
6	Abrasion	durch Brandung verursachte Erosion (Abtragung) der Küsten
7	Deich	aufgeschütteter Wall am Meer- oder Flussufer, zum Schutz vor Überflutungen
8	Siel	Schleuse im Deich am Ende eines die Marsch entwässernden Kanals
9	Marsch	aus Sand und Schlick bestehende Anschwemmungen an flachen Gezeitenküsten
10	Koog	dem Meer abgewonnenes, eingedeichtes Marschland im westlichen Schleswig-Holstein
11	Lahnung	niedriger Dammbau aus Erde, Pfählen und Buschwerk zur Landgewinnung
12	Buhne	ins Wasser hineingebauter Damm als Uferschutz, besteht oft aus Pfählen und Steinen
13	Queller	salzunempfindliche Pflanze, die als Schlickfänger zur Landgewinnung beiträgt
14	Hallig	kleine, meist nicht eingedeichte nordfriesische Marschinsel
15	Wurt	künstlicher, von Menschen aufgeschütteter Erdhügel zum Schutz vor Wasser
16	Düne	große vom Wind angewehte Sandablagerung
17	Barre	Sand- und Schlammbank in der Einmündung eines Flusses ins Meer
18	Förde	lang gestreckte Meeresbucht; bildete sich nach der Eiszeit in der Schmelzwasserrinne
19	Bodden	flache, zerlappte Meeresbucht; entstanden durch Überflutung einer Grundmoränenlandschaft
20	Kliff	felsiger, steiler Hang einer Küste
21	Kap	vorspringender Teil eines Ufers oder Küste; manchmal eine hoch aufragende Landspitze
22	Mole	gemauerter Damm zum Schutz eines Hafens vor Seegang und Versandung
23	Kai	befestigte Anlegestelle für Schiffe (Kurzbezeichnung für „Kaianlage"/„Kaimauer")

F. Heitmann: Unterwegs in Deutschland
© Persen Verlag

NR.	FACHBEGRIFF	BEDEUTUNG
1		zum Schutz vor Erosion angelegte Hecken, die Felder, Weiden und Wiesen umgeben (v. a. in Schleswig-Holstein)
2		flache, wellige Landschaft in Norddeutschland mit trockenem Sandboden
3		kantengerundeter Gesteinsschutt, der von einer ehemaligen Gletschersohle aufgenommen und mitgeführt wurde
4		an der ehemaligen Gletscherstirn angehäufter Gesteinsschutt
5		breites, in der Endphase der Eiszeit durch Schmelzwasser geschaffenes Tal
6		aus Sand und Schotter bestehende Ablagerungen im Vorfeld von (ehemaligen) Gletschern
7		großer Gesteinsblock, der mithilfe des Gletschers in eine andere, oft weit entfernte Gegend transportiert wurde
8		vom Wind gebrachter feiner, gelblicher Gesteinsstaub; fruchtbar
9		flacher, fruchtbarer Landschaftstyp in Norddeutschland am Nordrand der Mittelgebirge; oft mit Löss bedeckt
10		tief gelegene Ebene
11		sumpfiges Gelände, bewachsen mit Bäumen und Sträuchern
12		überwiegend sanfte Geländeerhebungen mit selten mehr als 1 500 m Höhe
13		Gesteinsschicht, die abbauwerte Bodenschätze, z. B. Salz oder Kohle, enthält
14		rundlicher vulkanischer Gasexplosionstrichter, der häufig mit Wasser gefüllt ist
15		Erhebung, die wegen der Härte ihres Gesteins nicht abgetragen wurde und die Umgebung überragt; oft Basalt
16		Fluss mit vielen Windungen
17		Wald im Überschwemmungsbereich eines Flusses
18		Steilstufe in der Schichtstufenlandschaft
19		Form, die durch Lösungsvorgänge in Kalkgestein entsteht
20		schlüssel- oder trichterförmige Vertiefung im Kalkgestein
21		häufig mit Löss(lehm) bedeckter, fruchtbarer Landschaftstyp in Süddeutschland
22		Sumpf, Moor
23		besonders geschützte großräumige Landschaft mit außergewöhnlicher Landschaftsform und/oder naturräumlicher Ausstattung

Lösungshilfe – die Fachbegriffe in alphabetischer Reihenfolge

Auenwald, Börde, Bruch, Doline, Endmoräne, Findling, Flöz, Gäu, Geest, Grundmoräne, Härtling, Karst, Knicks, Löss, Mäander, Maar, Mittelgebirge, Nationalpark, Niederung, Ried, Sander, Trauf, Urstromtal

NR.	FACHBEGRIFF	BEDEUTUNG
1	*Knicks*	zum Schutz vor Erosion angelegte Hecken, die Felder, Weiden und Wiesen umgeben (v. a. in Schleswig-Holstein)
2	*Geest*	flache, wellige Landschaft in Norddeutschland mit trockenem Sandboden
3	*Grundmoräne*	kantengerundeter Gesteinsschutt, der von einer ehemaligen Gletschersohle aufgenommen und mitgeführt wurde
4	*Endmoräne*	an der ehemaligen Gletscherstirn angehäufter Gesteinsschutt
5	*Urstromtal*	breites, in der Endphase der Eiszeit durch Schmelzwasser geschaffenes Tal
6	*Sander*	aus Sand und Schotter bestehende Ablagerungen im Vorfeld von (ehemaligen) Gletschern
7	*Findling*	großer Gesteinsblock, der mithilfe des Gletschers in eine andere, oft weit entfernte Gegend transportiert wurde
8	*Löss*	vom Wind gebrachter feiner, gelblicher Gesteinsstaub; fruchtbar
9	*Börde*	flacher, fruchtbarer Landschaftstyp in Norddeutschland am Nordrand der Mittelgebirge; oft mit Löss bedeckt
10	*Niederung*	tief gelegene Ebene
11	*Bruch*	sumpfiges Gelände, bewachsen mit Bäumen und Sträuchern
12	*Mittelgebirge*	überwiegend sanfte Geländeerhebungen mit selten mehr als 1 500 m Höhe
13	*Flöz*	Gesteinsschicht, die abbauwerte Bodenschätze, z. B. Salz oder Kohle, enthält
14	*Maar*	rundlicher vulkanischer Gasexplosionstrichter, der häufig mit Wasser gefüllt ist
15	*Härtling*	Erhebung, die wegen der Härte ihres Gesteins nicht abgetragen wurde und die Umgebung überragt; oft Basalt
16	*Mäander*	Fluss mit vielen Windungen
17	*Auenwald (Auwald)*	Wald im Überschwemmungsbereich eines Flusses
18	*Trauf*	Steilstufe in der Schichtstufenlandschaft
19	*Karst*	Form, die durch Lösungsvorgänge in Kalkgestein entsteht
20	*Doline*	schlüssel- oder trichterförmige Vertiefung im Kalkgestein
21	*Gäu*	häufig mit Löss(lehm) bedeckter, fruchtbarer Landschaftstyp in Süddeutschland
22	*Ried*	Sumpf, Moor
23	*Nationalpark*	besonders geschützte großräumige Landschaft mit außergewöhnlicher Landschaftsform und/oder naturräumlicher Ausstattung

F. Heitmann: Unterwegs in Deutschland
© Persen Verlag

19 Im Hochgebirge

NR.	FACHBEGRIFF	BEDEUTUNG
1		Gebirgswiese in den Alpen
2		Molkereibetrieb in den Alpen
3		Pflanzenformation (Gräser, Stauden ...) oberhalb der Baumgrenze
4		Bergkiefer in der Knieholzzone oberhalb der Baumgrenze
5		ziegenähnliches Huftier mit Hörnern bei beiden Geschlechtern
6		Verbiegung von Gestein durch erdinnere (endogene) Kräfte
7		höchste Stelle eines Berges
8		sehr schmale Kammlinie eines Bergrückens
9		enger Talabschnitt mit senkrecht abfallenden bzw. überhängenden Felswänden
10		Übergang über einen Gebirgskamm, meist an einer relativ niedrigen Stelle
11		in Schlangenlinien aufsteigende Straße, die die starke Neigung der Bergfahrt verringert
12		kleine, aus wenigen bäuerlichen Höfen bestehende Siedlung
13		körniger Schnee, der durch wiederholtes Auftauen und Gefrieren entsteht
14		sehr große Eismasse, die sich von dem Gebirge langsam hinabbewegt
15		Ausdruck für Gletscher in den deutschsprachigen Alpen
16		von einem Gletscher geformte, lehnsesselartige Mulde in Felswänden eines Gebirges
17		fließende Bewegung von Schutt- und Erdmassen an Hängen in Frostwechselgebieten
18		Strom aus Wasser, Erde, Schutt und Blöcken; oft nach starkem Regen oder Schneeschmelze
19		zu Tal stürzende große Schnee- oder Eismassen
20		Abbruch und Fall schwerer Felsmassen, die sich von Steilwänden lösen, oft aus großer Höhe
21		Absturz einzelner Gesteinsbrocken aus dem Gestein
22		naturbedingte Grenze zwischen zwei Klimaregionen
23		warmer, trockener, oft böiger Fallwind

Lösungshilfe – die Fachbegriffe in alphabetischer Reihenfolge

Alm, Bergsturz, Faltung, Ferner, Firn, Föhn, Gämse, Gipfel, Gletscher, Grat, Kar, Klamm, Klimascheide, Latsche, Lawine, (alpine) Matten, Mure, Pass, Sennerei, Serpentine, Solifluktion, Steinschlag, Weiler

NR.	FACHBEGRIFF	BEDEUTUNG
1	Alm	Gebirgswiese in den Alpen
2	Sennerei	Molkereibetrieb in den Alpen
3	(alpine) Matten	Pflanzenformation (Gräser, Stauden ...) oberhalb der Baumgrenze
4	Latsche	Bergkiefer in der Knieholzzone oberhalb der Baumgrenze
5	Gämse	ziegenähnliches Huftier mit Hörnern bei beiden Geschlechtern
6	Faltung	Verbiegung von Gestein durch erdinnere (endogene) Kräfte
7	Gipfel	höchste Stelle eines Berges
8	Grat	sehr schmale Kammlinie eines Bergrückens
9	Klamm	enger Talabschnitt mit senkrecht abfallenden bzw. überhängenden Felswänden
10	Pass	Übergang über einen Gebirgskamm, meist an einer relativ niedrigen Stelle
11	Serpentine	in Schlangenlinien aufsteigende Straße, die die starke Neigung der Bergfahrt verringert
12	Weiler	kleine, aus wenigen bäuerlichen Höfen bestehende Siedlung
13	Firn	körniger Schnee, der durch wiederholtes Auftauen und Gefrieren entsteht
14	Gletscher	sehr große Eismasse, die sich von dem Gebirge langsam hinabbewegt
15	Ferner	Ausdruck für Gletscher in den deutschsprachigen Alpen
16	Kar	von einem Gletscher geformte, lehnsesselartige Mulde in Felswänden eines Gebirges
17	Solifluktion	fließende Bewegung von Schutt- und Erdmassen an Hängen in Frostwechselgebieten
18	Mure	Strom aus Wasser, Erde, Schutt und Blöcken; oft nach starkem Regen oder Schneeschmelze
19	Lawine	zu Tal stürzende große Schnee- oder Eismassen
20	Bergsturz	Abbruch und Fall schwerer Felsmassen, die sich von Steilwänden lösen, oft aus großer Höhe
21	Steinschlag	Absturz einzelner Gesteinsbrocken aus dem Gestein
22	Klimascheide	naturbedingte Grenze zwischen zwei Klimaregionen
23	Föhn	warmer, trockener, oft böiger Fallwind

F. Heitmann: Unterwegs in Deutschland
© Persen Verlag

KRITERIEN	NORDSEE	OSTSEE
Flächengröße		
Tiefe		
Wasservolumen		
Zeitraum für einen kompletten Wasseraustausch		
Zugehörigkeit		
angrenzende Staaten		
geologisches Alter		
Salzgehalt		
Gezeitenunterschied		
Meereis		
Sturmfluten (Häufigkeit)		
größte zu Deutschland gehörende Insel		

KRITERIEN	NORDSEE	OSTSEE
Flächengröße	ca. 575 000 km²	ca. 414 400 km²
Tiefe	mittlere Tiefe: 94 m größte Tiefe: 725 m	mittlere Tiefe: 55 m größte Tiefe: 459 m
Wasservolumen	50 000 km²	23 000 km²
Zeitraum für einen kompletten Wasseraustausch	3 Jahre	20–40 Jahre
Zugehörigkeit	Randmeer des Atlantischen Ozeans	Binnenrandmeer des Atlantischen Ozeans mit drei schmalen Ausgängen zum Kattegat und Skagerrak: Kleiner Belt, Großer Belt, Öresund
angrenzende Staaten	Großbritannien, Norwegen, Schweden, Dänemark, Deutschland, Niederlande, Belgien, Frankreich	Dänemark, Schweden, Finnland, Russland, Estland, Lettland, Litauen, Polen, Deutschland
geologisches Alter	Entstehung ca. 120 000 Jahre v. Chr.	Entstehung ca. 10 000–8 000 Jahre v. Chr.
Salzgehalt	30–35 g/l	im Westen: 30 g/l im Osten: 3 g/l
Gezeitenunterschied	Ø 2–3 m Tidenhub	15–40 cm Tidenhub; kaum zu beobachten
Meereis	überwiegend eisfrei; im südlichen Bereich kann es in starken Wintern zur Bildung von Treibeis kommen; (in starken Wintern ist in Küstennähe vereinzelt Festeis möglich)	Meereis entsteht regelmäßig im östlichen und nördlichen Teil; in extremen Wintern kann die Ostsee fast bis zu 100 % mit Eis bedeckt sein
Sturmfluten (Häufigkeit)	häufig	gelegentlich
größte zu Deutschland gehörende Insel	Sylt	Rügen

F. Heitmann: Unterwegs in Deutschland
© Persen Verlag

Beschrifte die gekennzeichneten Landschaftsteile. Male die Landschaft anschließend mit passenden Farben an.

S _ _ _ _

M _ _ _ _

S _ _ _ _

P _ _ _ _

W _ _ _ _

A _ _ _ _

G _ _ _ _

G _ _ _ _

K _ _ _ _

M _ _ _ _

W _ _ _ _

S _ _ _ _

L _ _ _ _

S _ _ _ _

I _ _ _ _

B _ _ _ _

Geest

Altdeich

Graben

Seedeich

Priel

Watt

Meer

Sandbank

Kanal

Marsch

Wurt

Siel

Lahnungen

Strand

Insel

Buhne

F. Heitmann: Unterwegs in Deutschland
© Persen Verlag

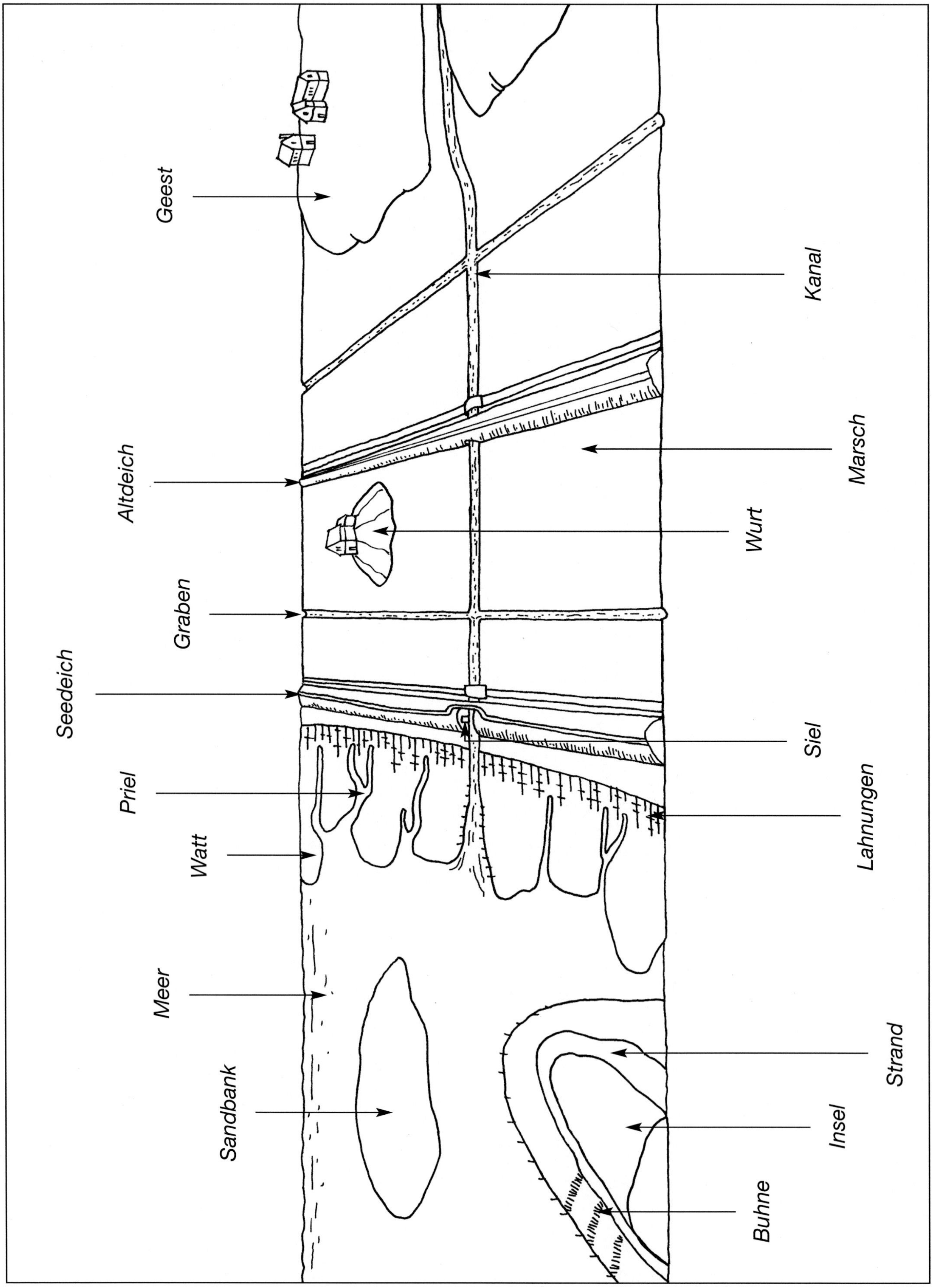

22 Höhenstufen der Alpen

Ordne die Begriffe richtig zu!

Ackerbaugrenze – alpine Höhenstufe – alpine Rasen – Baumgrenze – colline Höhenstufe (Hügelstufe) – Eis- und Schneezone – Fels- und Schuttzone – Krummholz – Laub- und Mischwald – Laubwald – Laubwaldgrenze – montane Höhenstufe (Bergstufe) – Moose und Flechten – Nadelwald – nivale Höhenstufe (Schneestufe) – sommerliche Schneegrenze – subalpine Höhenstufe – Talsohle – Waldgrenze

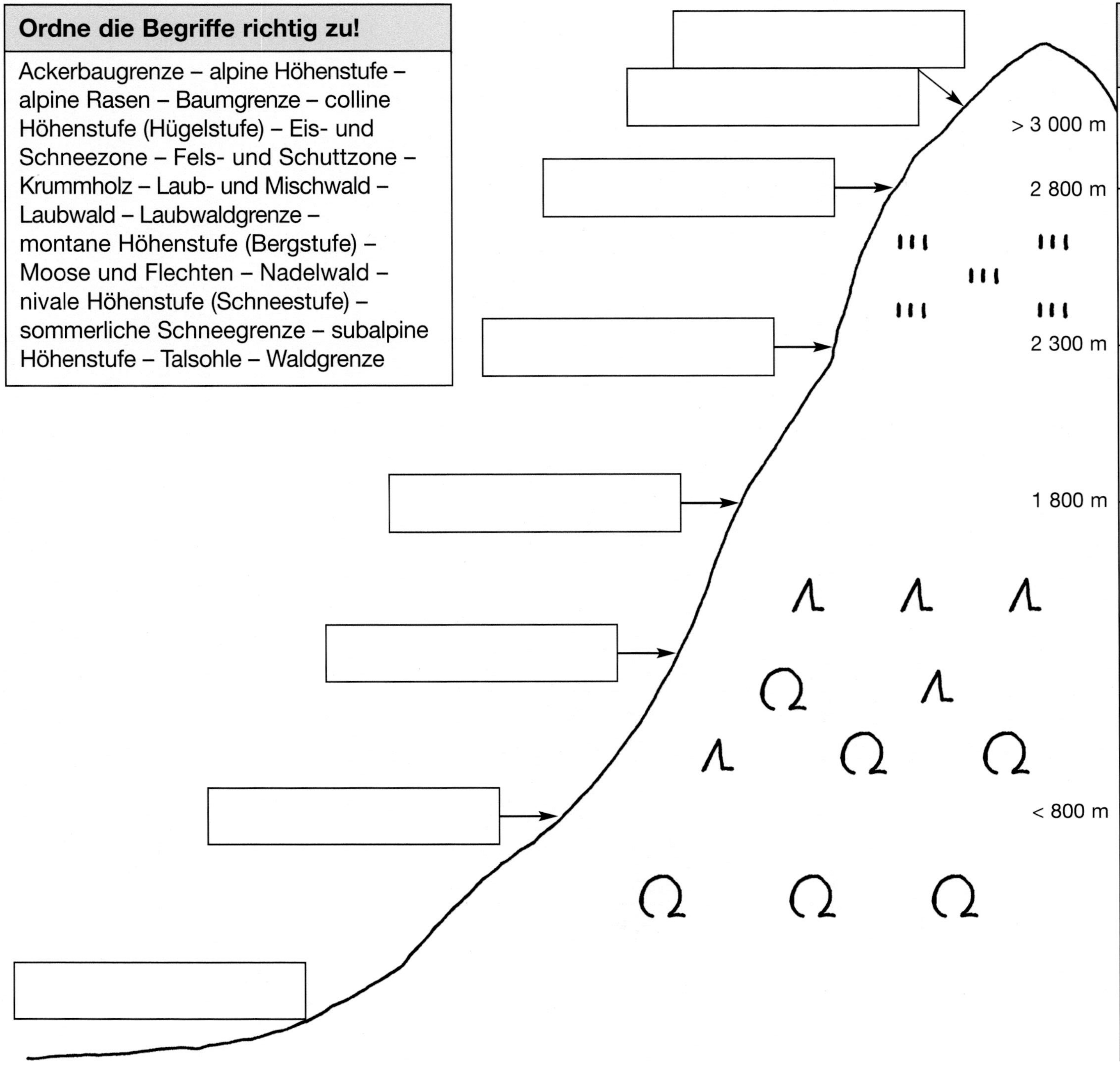

> 3 000 m
2 800 m
2 300 m
1 800 m
< 800 m

Vegetation	Höhenstufen

Höhenstufen	nivale Höhenstufe (Schneestufe)	alpine Höhenstufe	subalpine Höhenstufe	montane Höhenstufe (Bergstufe)		colline Höhenstufe (Hügelstufe)
Vegetation	Moose und Flechten	alpine Rasen	Krummholz	Nadelwald	Laub- und Mischwald	Laubwald

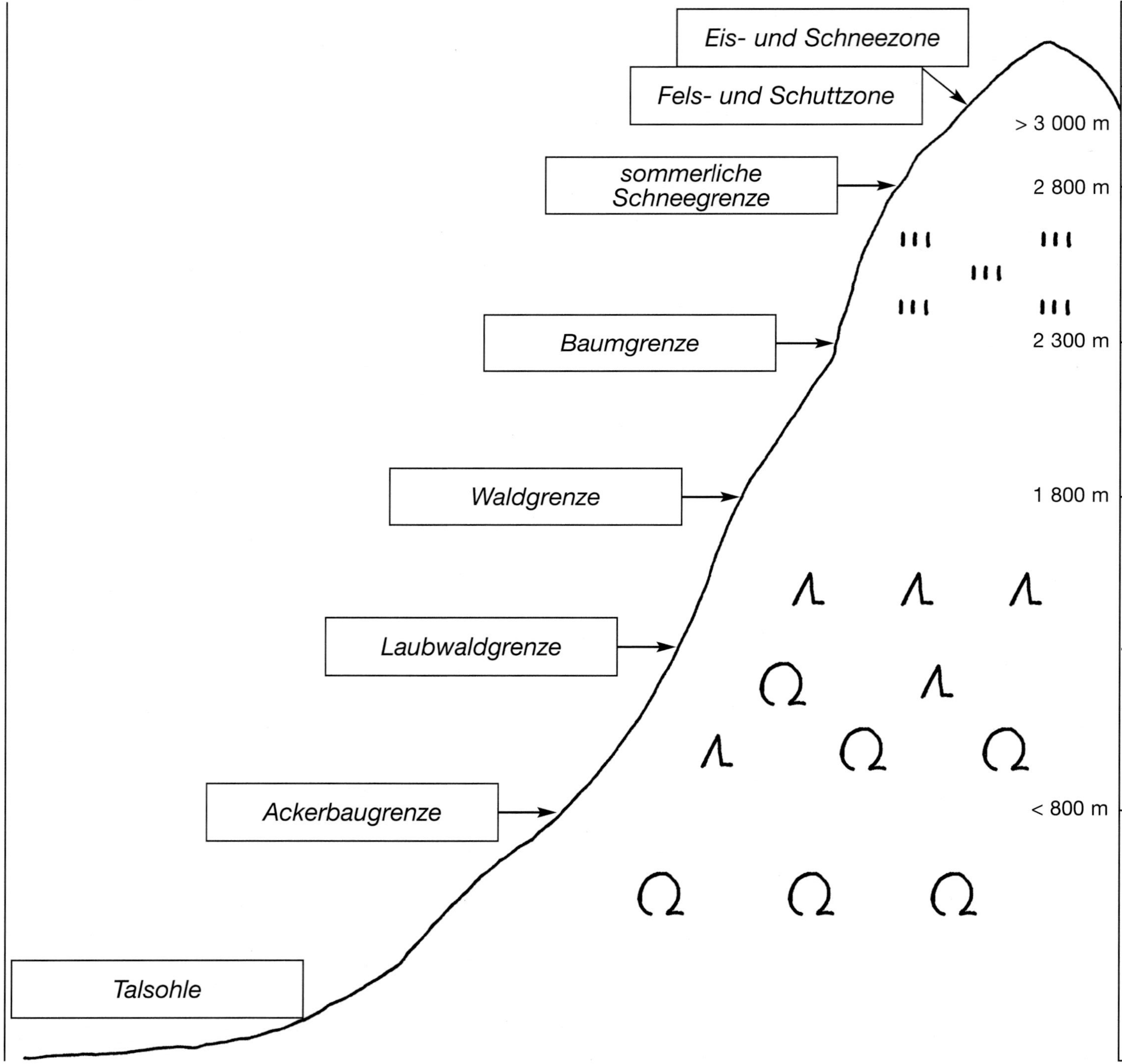

> 3 000 m

2 800 m

2 300 m

1 800 m

< 800 m

Eis- und Schneezone

Fels- und Schuttzone

sommerliche Schneegrenze

Baumgrenze

Waldgrenze

Laubwaldgrenze

Ackerbaugrenze

Talsohle

F. Heitmann: Unterwegs in Deutschland
© Persen Verlag

Wissensspiel zu vielfältigen geographischen Phänomenen

Hinweis
Die Vorlage auf Seite 70 lässt sich auch als reines Arbeitsblatt ohne Spielcharakter einsetzen.

Spielerzahl
ab 2 Personen (oder Teams)

Spielmaterialien
Spielleiter: • 1 Lösungsblatt (Seite 71)

außerdem für die Spielvariationen:
je Spieler: • 1 Spielplan (Seite 70)
              • 1 Stift
              • 1 Atlas
              • Blankovorlage (Seite 72), die zuvor vom Spielleiter bearbeitet wurde

Spielregeln
Die Spieler sollen anhand von mündlich gegebenen Hinweisen geographische Begriffe erraten.

Der Spielleiter (ein Schüler oder der Lehrer) erhält das Lösungsblatt.
Er gibt nun jeweils den Anfangsbuchstaben sowie eine Umschreibung des gesuchten Begriffs vor.
Es sollte dabei nicht unbedingt in alphabetischer Reihenfolge vorgegangen werden.

Die Spieler haben der Reihe nach das Antwortrecht. Für jede richtige Antwort gibt es 1 Punkt. Wird die Frage falsch beantwortet, muss der nachfolgende Spieler die Frage lösen.

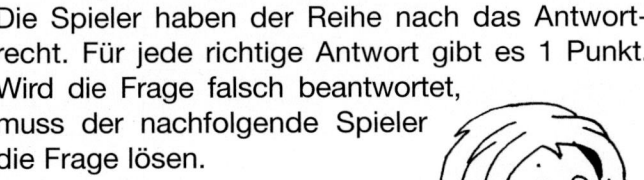

Spielsieg
Gewinner ist, wer zum Schluss die meisten Punkte erreicht hat.

Spielvariationen
▷ Alle Spieler haben gleichzeitig das Antwortrecht. Wer zuerst die richtige Antwort nennt, erhält 1 Punkt.

▷ Jeder Spieler erhält einen Spielplan und füllt diesen möglichst vollständig aus. Je nach Anzahl der korrekt notierten Antworten werden Punkte vergeben.

▷ Als Hilfestellung werden Atlanten zur Verfügung gestellt.

▷ Das Spiel wird andersherum gespielt: Die geographischen Begriffe werden vorgegeben und die Umschreibungen sollen gesucht werden.

▷ Mithilfe der Blankovorlage lässt sich ein Spielplan zu anderen geographischen Phänomenen herstellen.

23 Deutschland von A bis Z

ANFANGS-BUCH-STABE	HINWEIS	GEOGRAPHISCHER NAME	PUNKTE
A	höchstes Gebirge		
B	größter Binnensee		
C	Stadt in Sachsen (ehem.: Karl-Marx-Stadt)		
D	Halbinsel an der Ostsee		
E	Talsperre in Nordhessen		
F	ein Quellfluss der Weser		
G	Stadt im Ruhrgebiet (westl. von Bochum)		
H	Insel in der Nordsee (mit Bundsandsteinfelsen)		
I	Fluss durch München		
J	Meeresbucht an der Nordsee		
K	Berg im Rothaargebirge		
L	Landschaft in Niedersachsen (südl. von Hamburg)		
M	längster Kanal		
N	Nebenfluss des Rheins durch Stuttgart		
O	Grenzfluss zwischen Deutschland und Polen		
P	Hauptstadt des Bundeslandes Brandenburg		
Q	alte Stadt am Nordostrand des Harzes		
R	größte Insel		
S	nördlichstes Bundesland		
T	Mittelgebirge unmittelbar nordwestlich von Frankfurt/Main		
U	Stadt an der Donau		
V	über die Insel Fehmarn verlaufende Hauptverkehrslinie		
W	flacher Meeresraum an der Nordsee		
X	kleine Stadt in Nordrhein-Westfalen (in unmittelbarer Nähe des Rheins)		
Y	———	———	
Z	höchster Berg		

NAME(N):	GESAMTPUNKTZAHL:

F. Heitmann: Unterwegs in Deutschland
© Persen Verlag

ANFANGS-BUCH-STABE	HINWEIS	GEOGRAPHISCHER NAME	PUNKTE
A	höchstes Gebirge	Alpen	
B	größter Binnensee	Bodensee	
C	Stadt in Sachsen (ehem.: Karl-Marx-Stadt)	Chemnitz	
D	Halbinsel an der Ostsee	Darß	
E	Talsperre in Nordhessen	Edertalsperre	
F	ein Quellfluss der Weser	Fulda	
G	Stadt im Ruhrgebiet (westl. von Bochum)	Gelsenkirchen	
H	Insel in der Nordsee (mit Bundsandsteinfelsen)	Helgoland	
I	Fluss durch München	Isar	
J	Meeresbucht an der Nordsee	Jadebusen	
K	Berg im Rothaargebirge	Kahler Asten	
L	Landschaft in Niedersachsen (südl. von Hamburg)	Lüneburger Heide	
M	längster Kanal	Mittellandkanal	
N	Nebenfluss des Rheins durch Stuttgart	Neckar	
O	Grenzfluss zwischen Deutschland und Polen	Oder	
P	Hauptstadt des Bundeslandes Brandenburg	Potsdam	
Q	alte Stadt am Nordostrand des Harzes	Quedlinburg	
R	größte Insel	Rügen	
S	nördlichstes Bundesland	Schleswig-Holstein	
T	Mittelgebirge unmittelbar nordwestlich von Frankfurt/Main	Taunus	
U	Stadt an der Donau	Ulm	
V	über die Insel Fehmarn verlaufende Hauptverkehrslinie	Vogelfluglinie	
W	flacher Meeresraum an der Nordsee	Watt	
X	kleine Stadt in Nordrhein-Westfalen (in unmittelbarer Nähe des Rheins)	Xanten	
Y	——	——	
Z	höchster Berg	Zugspitze	

NAME(N):	GESAMTPUNKTZAHL:

ANFANGS-BUCH-STABE	HINWEIS	GEOGRAPHISCHER NAME	PUNKTE
A			
B			
C			
D			
E			
F			
G			
H			
I			
J			
K			
L			
M			
N			
O			
P			
Q			
R			
S			
T			
U			
V			
W			
X			
Y			
Z			

NAME(N):   **GESAMTPUNKTZAHL:**

24 Topographisches Deutschland-Quiz

Beantworte die Quizfragen!*

NR.	QUIZFRAGE	LÖSUNG	P.
1	In welchem Bundesland befindet sich ein großer Stein?		
2	Welcher Busen ist der größte in Deutschland?		
3	Welcher Stock liegt immer an der Ostsee?		
4	Welcher See ist eine Insel in der Ostsee?		
5	Welcher Dom liegt in der Ostsee?		
6	In welcher Hauptstadt eines Bundeslandes werden Frauen an der Leine ausgeführt?		
7	Welches Meer liegt in der Nähe von Hannover?		
8	Welches deutsche Mittelgebirge kann kleben?		
9	Welche Stadt in Nordrhein-Westfalen steht täglich auf dem Tisch?		
10	Welches Dorf in Deutschland hat die meisten Einwohner?		
11	Welcher Nebenfluss des Rheins ist ein Erfolg?		
12	Welche hohe Zahl ist in der Eifel die höchste?		
13	Welche Stadt in Rheinland-Pfalz wird ohne „r" zum Tier?		
14	Welche Stadt in Hessen sollte man bei der Blumenpflege nicht vergessen?		
15	Was gibt es in Deutschland am Main und an der Oder?		
16	In welchen zwei östlichen Landschaften steckt eine Laus?		
17	Welche Burg umschließt die deutsche Hauptstadt Berlin?		
18	Wie heißt der größte Stuhl in Baden-Württemberg?		
19	Welcher in Süddeutschland gelegene Wald ist am dunkelsten?		
20	Welcher bayerische Fluss fällt aus den Wolken?		
21	Welche Sau liegt an der Donau?		
22	Welcher Mann in Bayern ist über 2 700 m groß?		
23	Auf welchen Teil eines Verkehrsmittels muss man fast 3 000 m hoch steigen, um auf die Spitze zu gelangen?		
NAME(N):		**GESAMTPUNKTZAHL:**	

* Je nach Belieben können auch Punkte vergeben werden (1 richtiger Begriff = 1 Punkt).

NR.	QUIZFRAGE	LÖSUNG	P.
1	In welchem Bundesland befindet sich ein großer Stein?	*Schleswig-Hol**stein***	
2	Welcher Busen ist der größte in Deutschland?	*Jade**busen***	
3	Welcher Stock liegt immer an der Ostsee?	*Ro**stock***	
4	Welcher See ist eine Insel in der Ostsee?	*Hidden**see***	
5	Welcher Dom liegt in der Ostsee?	*Use**dom***	
6	In welcher Hauptstadt eines Bundeslandes werden Frauen an der Leine ausgeführt?	**Hannover**	
7	Welches Meer liegt in der Nähe von Hannover?	*Steinhuder **Meer***	
8	Welches deutsche Mittelgebirge kann kleben?	**Harz**	
9	Welche Stadt in Nordrhein-Westfalen steht täglich auf dem Tisch?	**Essen**	
10	Welches Dorf in Deutschland hat die meisten Einwohner?	*Düssel**dorf***	
11	Welcher Nebenfluss des Rheins ist ein Erfolg?	**Sieg**	
12	Welche hohe Zahl ist in der Eifel die höchste?	**Hohe Acht**	
13	Welche Stadt in Rheinland-Pfalz wird ohne „r" zum Tier?	**Trier**	
14	Welche Stadt in Hessen sollte man bei der Blumenpflege nicht vergessen?	**Gießen**	
15	Was gibt es in Deutschland am Main und an der Oder?	**Frankfurt**	
16	In welchen zwei östlichen Landschaften steckt eine Laus?	*Nieder**laus**itz, Ober**laus**itz*	
17	Welche Burg umschließt die deutsche Hauptstadt Berlin?	*Branden**burg***	
18	Wie heißt der größte Stuhl in Baden-Württemberg?	*Kaiser**stuhl***	
19	Welcher in Süddeutschland gelegene Wald ist am dunkelsten?	**Schwarz**wald	
20	Welcher bayerische Fluss fällt aus den Wolken?	**Regen**	
21	Welche Sau liegt an der Donau?	*Pas**sau***	
22	Welcher Mann in Bayern ist über 2 700 m groß?	*Watz**mann***	
23	Auf welchen Teil eines Verkehrsmittels muss man fast 3 000 m hoch steigen, um auf die Spitze zu gelangen?	***Zugspitze***	
NAME(N):		**GESAMTPUNKTZAHL:**	

F. Heitmann: Unterwegs in Deutschland
© Persen Verlag

Suchspiel mit versteckten geographischen Begriffen

Hinweis
Die Vorlage auf Seite 76 lässt sich auch als reines Arbeitsblatt ohne Spielcharakter einsetzen. Die Arbeitsanweisung ergibt sich aus den Spielregeln.

Spielerzahl
ab 2 Personen

Spielmaterialien
je Spieler:
- 1 Spielplan (Seite 76)
- 1 Stift
- evtl. 1 Atlas bzw. 1 Deutschlandkarte

Spielleiter:
- Lösungsblatt (Seite 77)

außerdem für die Spielvariationen:
- Blankovorlage (Seite 78)
- Blankopapier

Spielregeln
Die Spieler sollen in Rätselwörtern auf Deutschland bezogene geographische Begriffe entdecken.

Auf dem Spielplan befinden sich 25 Rätselwörter. In jedem Rätselwort verbirgt sich ein geographischer Begriff, z. B. findet man in dem Wort „Vogelbein" den geographischen Begriff „Elbe".
Außerdem sind weitere Flüsse, Städte, Inseln, Gebirge etc. in den Rätselwörtern enthalten. Diese Namen und den jeweils dazugehörigen erklärenden Hinweis auf das geographische Phänomen notieren die Spieler auf dem Spielplan.
Für jeden entdeckten geographischen Namen erhält der Spieler 1 Punkt, ebenso für jeden richtigen erklärenden Hinweis.
Als Hilfestellung kann den Spielern ein Atlas oder eine Deutschlandkarte zur Verfügung gestellt werden.

Spielsieg
Der Spieler mit der höchsten Punktzahl gewinnt das Spiel.

Spielvariationen

▷ Mithilfe der Blankovorlage können neue geographische Rätselaufgaben in das Spiel aufgenommen werden. Dies kann nach Vorbild der Vorlage geschehen.
Eine andere Möglichkeit wäre eine Rätselaufgabe als „Buchstabensalat". Die Buchstaben eines Wortes werden dann vom Spielleiter in einer wahllosen Reihenfolge aneinandergefügt.
Beispiel: SOMDEU = USEDOM

▷ Die Spieler denken sich ganze Sätze aus, in denen (ein oder besser) mehrere geographische(r) Name(n) versteckt sind. Diese Sätze werden auf Blankopapier notiert und zur Entschlüsselung an den Nachbarn weitergegeben – oder sie werden wahllos ausgetauscht.
Ansonsten folgt dieses Spiel den Regeln des Hauptspiels.
Beispiel: „Ja**kob Lenz sieg**t beim **Fahr**radrennen."

Koblenz	→	Stadt in Rheinland-Pfalz
Sieg	→	Fluss in NRW und Rheinland-Pfalz
Ahr	→	Nebenfluss des Rheins

▷ Die Schüler verfassen vollständige Geschichten, in denen zahlreiche geographische Namen zu enttarnen sind.

NR.	RÄTSEL	LÖSUNG	ERKLÄRENDER HINWEIS	P.
1	Kielwasser			
2	Föhrenwald			
3	Vogelbein			
4	Schwerindustrie			
5	betrügen			
6	Bremsweg			
7	Ritterhelm			
8	Steinbrocken			
9	Haarwurzel			
10	Klippenrand			
11	zerfressen			
12	Heimsieg			
13	Fahrgemeinschaft			
14	Zweifel			
15	Bleigießen			
16	Rhönrad			
17	Reithalle			
18	Gerangel			
19	Mauerblümchen			
20	Modergeruch			
21	Reiterhof			
22	Nieselregen			
23	Rotkehlchen			
24	Ulmenblatt			
25	Blechtrommel			

NAME(N):   **GESAMTPUNKTZAHL:**

F. Heitmann: Unterwegs in Deutschland
© Persen Verlag

NR.	RÄTSEL	LÖSUNG	ERKLÄRENDER HINWEIS	P.
1	Kielwasser	*Kiel*	*Hauptstadt von Schleswig-Holstein*	
2	Föhrenwald	*Föhr*	*Nordseeinsel*	
3	Vogelbein	*Elbe*	*Fluss u. a. durch Hamburg*	
4	Schwerindustrie	*Schwerin*	*Hauptstadt von Mecklenburg-Vorpommern*	
5	betrügen	*Rügen*	*Ostseeinsel*	
6	Bremsweg	*Ems*	*Fluss in Nordrhein-Westfalen und Niedersachsen*	
7	Ritterhelm	*Elm*	*Höhenzug im nördlichen Harzvorland*	
8	Steinbrocken	*Brocken*	*höchster Berg im Harz*	
9	Haarwurzel	*Haar*	*Höhenzug östlich von Dortmund*	
10	Klippenrand	*Lippe*	*Fluss in Nordrhein-Westfalen*	
11	zerfressen	*Essen*	*Stadt im Ruhrgebiet*	
12	Heimsieg	*Sieg*	*Nebenfluss des Rheins in Nordrhein-Westfalen*	
13	Fahrgemeinschaft	*Ahr*	*Nebenfluss des Rheins in Rheinland-Pfalz und Nordrhein-Westfalen*	
14	Zweifel	*Eifel*	*Mittelgebirge westlich des Rheins*	
15	Bleigießen	*Gießen*	*Stadt in Hessen*	
16	Rhönrad	*Rhön*	*Mittelgebirge, Teil des Hessischen Berglandes*	
17	Reithalle	*Halle*	*Stadt u. a. an der Saale*	
18	Gerangel	*Gera*	*Stadt in Thüringen*	
19	Mauerblümchen	*Aue*	*Name einiger Flüsse und einer Stadt in Sachsen*	
20	Modergeruch	*Oder*	*Grenzfluss: Polen – Deutschland*	
21	Reiterhof	*Hof*	*Stadt in Bayern*	
22	Nieselregen	*Regen*	*Nebenfluss der Donau in Bayern*	
23	Rotkehlchen	*Kehl*	*Stadt in Baden-Württemberg*	
24	Ulmenblatt	*Ulm*	*Stadt in Baden-Württemberg*	
25	Blechtrommel	*Lech*	*Nebenfluss der Donau u. a. in Bayern*	

NAME(N):   **GESAMTPUNKTZAHL:**

NR.	RÄTSEL	LÖSUNG	ERKLÄRENDER HINWEIS	P.
1				
2				
3				
4				
5				
6				
7				
8				
9				
10				
11				
12				
13				
14				
15				
16				
17				
18				
19				
20				
21				
22				
23				
24				
25				

NAME(N):   **GESAMTPUNKTZAHL:**

F. Heitmann: Unterwegs in Deutschland
© Persen Verlag

Quizspiel zum Erdkundewissen

Spielerzahl
ab 2 Personen (oder Teams)

Spielmaterialien
* 24 Spielkarten (Seite 80–82)

außerdem für die Spielvariationen:
* 1 Deutschlandkarte (z. B. Wandkarte)
* Blankovorlage (Seite 83)

je Spieler: • 1 Stift
                • Blankopapier

Herstellung der Spielkarten
Die Spielkarten (Seite 80–82) werden auf einen härteren Untergrund kopiert und einzeln ausgeschnitten. (Dabei wird die grau hinterlegte Überschrift nicht mit ausgeschnitten.)
Anschließend werden auf den Rückseiten der Karten die jeweiligen Quizaufgaben (s. Überschriften), z. B. „Nenne deutsche Ostseeinseln!" oder nur kurz „Ostseeinseln" notiert.
Schließlich können die Karten laminiert werden.

Spielregeln
Die Schüler lösen Quizfragen zu deutschen geographischen Erscheinungen.

Die 24 Spielkarten werden in beliebiger Reihenfolge mit der Rückseite nach oben auf einen Stapel gelegt. Die Spieler lösen der Reihe nach stets die Quizaufgabe, die auf der augenblicklich oben auf dem Stapel liegenden Spielkarte notiert ist. Ziel soll sein, möglichst viele zu der Quizaufgabe passende geographische Namen innerhalb Deutschlands zu nennen.
Nach Umdrehen der betreffenden Spielkarte lässt sich feststellen, wie viele richtige Antworten der Spieler gegeben hat.
Für jede richtige Antwort gibt es 1 Punkt.

Da auf den Karten meist nur eine Auswahl der möglichen Antworten vorgegeben ist, muss die Spielrunde über die Richtigkeit der anderen Antworten entscheiden.

Die Spielkarten, deren Angaben zumindest teilweise korrekt genannt wurden, werden aus dem Spiel genommen. Ist dies nicht der Fall, bleiben die Karten weiter im Spiel. Es wird so lange gespielt, bis keine Karte mehr im Spiel ist.

Spielsieg
Wer zum Schluss die meisten Punkte aufweist oder eine vorher vereinbarte Punktzahl (z. B. 30 Punkte) erreicht hat, ist der Sieger.

Spielvariationen
▷ Die Spieler zeigen die Lage der zuvor genannten geographischen Erscheinung auf einer Deutschlandkarte.

▷ Alle Spieler haben zu der jeweiligen Spielkarte gleichzeitig das Antwortrecht. Die Antwort wird jedoch nicht laut gesagt, sondern auf dem eigenen Blatt Papier notiert.
Findet diese Variante z. B. mit mehreren Teams statt, kann gezählt werden, welches Team die meisten Antworten zusammengetragen hat.

▷ Alle Karten werden mit der Rückseite nach oben beliebig auf dem Tisch verteilt. Die Spieler können sich der Reihe nach eine Karte aussuchen.

▷ Es wird festgelegt, wie viele Antworten maximal gegeben werden dürfen, z. B. 5 Antworten. Dann bleibt die Karte im Spiel und die Quizfrage kann zu einem späteren Zeitpunkt erneut gestellt werden.

▷ Den Spielern werden jeweils 3 auf einer Spielkarte vorgegebene Antworten genannt. Die passende Überschrift bzw. Quizfrage muss gefunden werden.

▷ Mithilfe der Blankovorlage lassen sich weitere Aufgaben in das Spiel aufnehmen.

26 Tour d'Allemagne

Binnenseen in Schleswig-Holstein, Niedersachsen und Mecklenburg-Vorp.	Ostseeinseln	Nordfriesische Inseln und Halligen	Ostfriesische Inseln
Selenter See	Lotseninsel	Sylt	Borkum
Großer Plöner See	Fehmarn	Amrum	Memmert
Schaalsee	Poel	Föhr	Juist
Schweriner See	Hiddensee	Nordstrand	Norderney
Plauer See	Ummanz	Nordstrandischmoor (Hallig)	Baltrum
Müritz	Rügen	Süderoog (Hallig)	Langeoog
Kummerower See	Koos	Hooge (Hallig)	Spiekeroog
Tollensesee	Ruden	Gröde-Appelland (Hallig)	Wangerooge
Dümmer	Oie	Langeness (Hallig)	...
Steinhuder Meer	Usedom	...	
...	...		

Nebenflüsse der Donau	Nebenflüsse des Rheins	Nebenflüsse der Elbe	Binnenseen in Baden-Württemberg und Bayern
Iller	Neckar	Schwarze Elster	Titisee
Günz	Main	Mulde	Bodensee
Mindel	Nahe	Saale	Ammersee
Wörnitz	Lahn	Havel	Starnberger See
Lech	Mosel	Aland	Chiemsee
Altmühl	Ahr	Elde	Tegernsee
Naab	Sieg	Jeetzel	Staffelsee
Regen	Wupper	Sude	Kochelsee
Isar	Erft	Alster	Walchensee
Inn	Ruhr	Stör	Königssee
...	Lippe	Oste	...
	...	...	

F. Heitmann: Unterwegs in Deutschland
© Persen Verlag

Berge (> 1 000 m) in Deutschland	Großstädte in Deutschland (> 500 000 Einwohner)
Zugspitze (2 962 m) Watzmann (2 713 m) Mädelegabel (2 645 m) Nebelhorn (2 224 m) Wendelstein (1 838 m) Feldberg (1 493 m) Großer Arber (1 456 m) Großer Rachel (1 453 m) Fichtelberg (1 214 m) Brocken (1 142 m) Schneeberg (1 051 m) …	Berlin Hamburg München Köln Frankfurt/Main Essen Dortmund Stuttgart Düsseldorf Bremen

Gebirge in Rheinland-Pfalz und Hessen	Nachbarländer Niedersachsens
Eifel Hunsrück Pfälzer Wald Haardt Westerwald Taunus Odenwald Knüll Vogelsberg Reinhardswald Rhön …	Schleswig-Holstein Hamburg Bremen Nordrhein-Westfalen Hessen Thüringen Sachsen-Anhalt Brandenburg Mecklenburg-Vorpommern

Gebirge in Baden-Württemberg und Bayern	Hauptstädte deutscher Bundesländer
Schwarzwald Schwäbische Alb Rhön Steigerwald Fränkische Alb Frankenwald Fichtelgebirge Oberpfälzer Wald Bayerischer Wald Alpen …	München Hannover Stuttgart Düsseldorf Potsdam Schwerin Wiesbaden Magdeburg Mainz Dresden Erfurt Kiel Saarbrücken Berlin, Hamburg, Bremen

Kanäle in Deutschland	Deutsche Bundesländer
Nord-Ostsee-Kanal Mittellandkanal Elbeseitenkanal Elbe-Lübeck-Kanal Elbe-Havel-Kanal Oder-Havel-Kanal Oder-Spree-Kanal Dortmund-Ems-Kanal Küstenkanal Main-Donau-Kanal …	Bayern Niedersachsen Baden-Württemberg Nordrhein-Westfalen Brandenburg Mecklenburg-Vorpommern Hessen Sachsen-Anhalt Rheinland-Pfalz Sachsen Thüringen Schleswig-Holstein Saarland Berlin, Hamburg, Bremen

Städte am Rhein	Städte in Sachsen
Emmerich	Leipzig
Wesel	Dresden
Duisburg	Zwickau
Düsseldorf	Chemnitz
Köln	Bautzen
Bonn	Görlitz
Koblenz	Plauen
Wiesbaden	Aue
Mainz	Hoyerswerda
Mannheim	Weißwasser
Ludwigshafen	...
Karlsruhe	
...	

Städte an der Elbe	Städte in Bayern
Cuxhaven	Würzburg
Hamburg	Erlangen
Wittenberge	Fürth
Tangermünde	Nürnberg
Magdeburg	Ingolstadt
Dessau	Regensburg
Wittenberg	Augsburg
Torgau	München
Riesa	Bayreuth
Meißen	Bamberg
Dresden	...
...	

Küstenstädte an der Ostsee	Städte in Niedersachsen
Flensburg	Hannover
Glücksburg	Osnabrück
Kappeln	Oldenburg
Eckernförde	Hildesheim
Kiel	Göttingen
Lübeck	Salzgitter
Wismar	Braunschweig
Rostock	Wolfsburg
Stralsund	Celle
Greifswald	Lüneburg
...	...

Küstenstädte an der Nordsee	Städte in Nordrhein-Westfalen
Westerland	Münster
Husum	Bielefeld
Tönning	Gelsenkirchen
Cuxhaven	Bochum
Bremerhaven	Duisburg
Nordenham	Essen
Wilhelmshaven	Dortmund
Norden	Düsseldorf
Emden	Aachen
...	Köln
	Bonn
	...

F. Heitmann: Unterwegs in Deutschland
© Persen Verlag

Erkennungsspiel – geographische Hinweise verraten die Bundesländer

Spielerzahl
ab 2 Teams

Spielmaterialien
- 16 Spielkarten (Seite 85/86)
- 1 Würfel

Herstellung der Spielkarten
Die Spielkarten (Seite 85/86) werden auf einen härteren Untergrund kopiert, ggf. laminiert und einzeln ausgeschnitten.

Spielregeln
Die Teams sollen die deutschen Bundesländer anhand der auf den Spielkarten gegebenen Hinweise erraten.

Die Spielkarten werden mit der unbeschrifteten Rückseite nach oben auf einen Stapel gelegt. Es wird ermittelt, welches Team beginnt.
Das Team, das an der Reihe ist, nimmt sich die oberste Karte und gibt gemäß der Spielkarte mündlich Hinweise zu dem jeweiligen Bundesland. Die Hinweise können von einem Spieler oder aber auch von mehreren Spielern des Teams gegeben werden. Hierbei ist die Reihenfolge der Hinweise zu beachten.
Welches der anderen Teams das gesuchte Bundesland zuerst erkennt, ruft den Namen in die Runde. Je nachdem wie viele Hinweise zum Erraten benötigt wurden, erhält das Team Punkte:

Erraten des Bundeslandes nach dem ...

1. Hinweis → 5 Punkte
2. Hinweis → 4 Punkte
3. Hinweis → 3 Punkte
4. Hinweis → 2 Punkte
5. Hinweis → 1 Punkt

Nicht mitraten dürfen die Spieler des Teams, das die Hinweise gibt.
Wird das Bundesland nicht erraten, wird die Karte wieder unter den Stapel gelegt.

Wenn der Kartenstapel leer ist oder wenn eine vereinbarte Spielzeit (z. B. 20 Min.) abgelaufen ist, ist das Spiel beendet.

Spielsieg
Sieger ist das Team mit der höchsten Punktzahl. Alternativ kann vorher eine Punktzahl festgelegt werden, die erreicht werden muss.

Spielvariationen

▷ Die Hinweise können von einem Spielleiter gegeben werden, sodass alle Spieler bei jeder Runde mitraten können.

▷ Die Spieler eines Teams können vereinbaren, dass sie abwechselnd das Antwortrecht haben (bietet sich in sehr heterogenen Gruppen an).

▷ Jeder Spieler eines Teams darf je Spielrunde z. B. nur 1 oder 2 Antworten geben.

▷ Für falsche Antworten können Minuspunkte vergeben werden.

▷ Der Name eines Bundeslandes wird vorgegeben. Innerhalb kurzer Zeit (z. B. 1 Minute) hat das Team bezogen auf das vorgegebene Bundesland 5 Fakten zu nennen. Je Fakt wird 1 Punkt vergeben.

▷ Bei dieser Variante werden die Hinweise auf den Spielkarten nicht benötigt. Die Karten dienen nur dazu, den Namen eines Bundeslandes vorzugeben.
Ein Spieler eines Teams nimmt sich die oberste Karte des Stapels, sieht sich nur den Namen des Bundeslandes an und legt die Karte so beiseite, dass niemand den Namen lesen kann. Er muss dieses Bundesland mit seinen eigenen Worten nun so gut umschreiben, dass sein eigenes (!) Team das Land erraten kann. Dabei darf er nie den Namen des Bundeslandes oder verwandte Wörter nennen. Zum Beispiel sollte „Bayern" nicht mit dem Hinweis auf den „Bayerischen Wald" beschrieben werden.
Innerhalb von z. B. 2 Minuten kann derselbe Spieler so viele Länder wie möglich umschreiben.
Entsprechend der erratenen Bundesländer erhält das Team Punkte.

F. Heitmann: Unterwegs in Deutschland
© Persen Verlag

BRANDENBURG

1. Das Bundesland liegt in der Norddeutschen Tiefebene.
2. Das Bundesland hat viele Wälder.
3. Der Name des Bundeslandes ist ebenfalls der Name einer Stadt in diesem Bundesland.
4. Das Bundesland wird im Osten durch die Oder begrenzt.
5. Es umgibt Berlin.

MECKLENBURG-VORPOMMERN

1. Die Landschaften in diesem Bundesland sind flach.
2. Das Bundesland ist relativ dünn besiedelt.
3. In diesem Bundesland gibt es viele Seen.
4. Die Havel entspringt in diesem Bundesland.
5. Die größte deutsche Insel (Rügen) gehört zu diesem Bundesland.

BERLIN

1. In diesem Bundesland leben über 3 Mio. Menschen.
2. Das Bundesland liegt im Osten Deutschlands.
3. Die Havel und die Spree fließen durch dieses Bundesland.
4. Auf der Landesflagge ist ein Tier abgebildet.
5. Durch das heutige Bundesland verlief ehemals eine Mauer.

HESSEN

1. Es handelt sich um ein hügeliges und gebirgiges Bundesland.
2. Die größte Stadt ist nicht die Hauptstadt des Bundeslandes.
3. Dieses Bundesland hat sechs Nachbar-Bundesländer.
4. Der Taunus liegt in diesem Bundesland.
5. Die Hauptstadt heißt Wiesbaden.

BAYERN

1. Der zweitlängste Fluss Europas fließt durch dieses Land.
2. Es ist das flächengrößte Bundesland Deutschlands.
3. Die Hauptstadt des Bundeslandes hat über 1 Mio. Einwohner.
4. In diesem Bundesland gibt es mehrere Gebirge.
5. Der höchste Berg Deutschlands befindet sich in diesem Bundesland.

HAMBURG

1. Dieses Bundesland hat zwei benachbarte Bundesländer.
2. Zu dem Bundesland gehört die Insel Neuwerk.
3. Das Bundesland wird als „Tor zur Welt" bezeichnet.
4. Es hat eine Flächengröße von ca. 750 km².
5. Es ist eine Hansestadt.

BADEN-WÜRTTEMBERG

1. Das Bundesland grenzt an zwei Nachbarstaaten Deutschlands.
2. Der höchste Berg des Bundeslandes ist fast 1 500 m hoch.
3. Die Schwaben leben in diesem Bundesland.
4. Der Rhein begrenzt das Bundesland im Westen und Süden.
5. In diesem Bundesland liegt der Bodensee.

BREMEN

1. Auf der Flagge dieses Bundeslandes ist die Farbe Rot zu sehen.
2. Das Bundesland hat einen bedeutenden Seehafen.
3. Das Bundesland besteht aus zwei Teilen (Städten).
4. Die Weser fließt durch dieses Bundesland.
5. Es ist das kleinste Bundesland Deutschlands.

SAARLAND

1. Dieses Bundesland ist nach einem Fluss benannt.
2. Das Bundesland wurde 1957 in die Bundesrepublik Deutschland eingegliedert.
3. Es ist ein sanft gewelltes Hügelland.
4. Die Ausläufer des Hunsrücks liegen in diesem Bundesland.
5. Es grenzt an Frankreich.

THÜRINGEN

1. Dieses Bundesland gehört zu den waldreichsten Bundesländern Deutschlands (Waldanteil: 31 %).
2. Ein Mittelgebirge erstreckt sich innerhalb des Bundeslandes von Westen nach Südosten.
3. In diesem Bundesland entspringt die Werra.
4. Die Wartburg steht in diesem Bundesland.
5. Der Name des Bundeslandes kommt auch im Namen des größten Gebirges des Bundeslandes vor.

RHEINLAND-PFALZ

1. Die Mehrheit der Bevölkerung ist katholisch.
2. Das Bundesland ist für seine Weine bekannt.
3. Die Eifel liegt in diesem Bundesland.
4. Es hat einen Doppelnamen.
5. Der Rhein durchquert dieses Bundesland.

SCHLESWIG-HOLSTEIN

1. Die Bevölkerung dieses Bundeslandes ist überwiegend evangelisch.
2. Die Farben auf der Landesflagge sind Blau, Weiß und Rot.
3. Die Eider fließt durch dieses Bundesland.
4. Die Insel Fehmarn gehört zu diesem Bundesland.
5. Das Bundesland liegt zwischen zwei Meeren.

NORDRHEIN-WESTFALEN

1. Auf dem Landeswappen sind ein Fluss, ein Pferd und eine Rose abgebildet.
2. Der höchste Berg des Bundeslandes ist 841 m hoch.
3. In diesem Bundesland liegt die ehemalige Hauptstadt Deutschlands.
4. Über 20 % der Gesamtbevölkerung Deutschlands leben in diesem Bundesland.
5. In diesem Bundesland liegt das Ruhrgebiet.

SACHSEN-ANHALT

1. Dieses Bundesland ist knapp 20 500 km² groß.
2. Ein Teil des Harzes gehört zu diesem Bundesland.
3. Seit 1990 ist es ein Bundesland.
4. Die Elbe fließt durch dieses Bundesland.
5. Der Name der Hauptstadt beginnt mit dem Buchstaben M.

NIEDERSACHSEN

1. In diesem Bundesland gibt es ausgedehnte Heide- und Moorgebiete.
2. Es ist ein flächengroßes Bundesland.
3. Die Ems fließt durch das Bundesland.
4. Der Mittellandkanal verläuft durch dieses Bundesland.
5. Zu diesem Bundesland gehören die Ostfriesischen Inseln.

SACHSEN

1. Dieses Bundesland grenzt an zwei benachbarte Staaten.
2. Im Osten bildet ein Fluss (*Lausitzer Neiße*) die Grenze.
3. Das Elbsandsteingebirge liegt in diesem Bundesland.
4. Im Süden des Bundeslandes liegt das Erzgebirge.
5. Die Hauptstadt liegt am selben Fluss wie Hamburg.

F. Heitmann: Unterwegs in Deutschland
© Persen Verlag

Handlungsorientierte Anregungen für den Geographieunterricht

Deutschlandbuch

Die Schüler sammeln aus Zeitschriften, Zeitungen, Reiseprospekten o. Ä. Bilder und Texte zum Thema Deutschland und erstellen ihr „eigenes" Deutschlandbuch. Dieses Deutschlandbuch kann zahlreiche Themen enthalten, z. B. Sehenswürdigkeiten, Städte, unterschiedliche Großlandschaften, Bundesländer, Nordsee, Ostsee ... Das Buch sollte entsprechend gegliedert werden.

Es empfiehlt sich, die gesammelten Bilder und Texte auf Blankopapier im DIN-A4-Format zu kleben und zur besseren Haltbarkeit in eine Klarsichthülle zu stecken. Die zusammengetragenen, nun geordneten, Bilder und Texte werden anschließend in Ordner sortiert, die von den Schülern zusätzlich ansprechend gestaltet werden können.

Die Klassenbibliothek ist so um einige wertvolle Nachschlagewerke reicher.

Memory

Die Schüler tragen wie bei dem Vorschlag „Deutschlandbuch" Bilder und Texte zu unterschiedlichen Großlandschaften, Bundesländern, Sehenswürdigkeiten etc. zusammen.
Nun ist es wichtig, jeweils zu einem geographischen Phänomen nur ein Bild und einen Text zu haben.
Zum Beispiel haben wir ein Bild von der Insel Helgoland. Dazu könnte ein Text über die Nordsee passen. Der Text und das dazugehörige Bild werden jeweils auf eine Blanko-Karteikarte geklebt. Schon haben wir das erste Memorypaar.

Weitere Memorypaare stellen die Schüler sicher schnell aus ihrer Sammlung zusammen.

Zuordnungsspiel

Ähnlich wie bei dem Vorschlag „Deutschlandbuch" werden Bilder und Texte zum Thema Deutschland zusammengetragen. Diese werden auf Blanko-Karteikarten geklebt und offen ausgelegt.
Nun kann das Zuordnungsspiel beginnen: Alle Karten werden offen durcheinander ausgelegt. Jeder Spieler muss nun beispielsweise zu einem jeweils vorbestimmten Bundesland oder einer selbst gewählten Großlandschaft eine bestimmte Zahl (z. B. 4) von Bild- oder Textkarten ausfindig machen.

Modelle basteln

Landschaften, Landschaftsteile, kulturelle Sehenswürdigkeiten etc. lassen sich gut selbst nachbauen. Als Vorlage können dabei Bilder, Karten, Filme oder reale Betrachtungen dienen.
Vielfältige Materialien bieten sich dazu an, u. a. Pappe, Papier, Steine, Sand, Holz, Strohhalme, Streichholzschachteln, Wolle, Styropor, Moosgummi, Knetgummi, Gips, Legosteine ...
Beispiele:
- Die Insel Helgoland oder eine Hallig lassen sich aus Styropor und anderen Materialien nachbauen. Das Modell lässt sich anschließend auf Wasser setzen.
- Die deutsche Wattenküste lässt sich z. B. gut aus Sand modellieren.
- Ein in der Eifel gelegenes Maar lässt sich aus Pappe gestalten.
- Aus Knetgummi, kleinen Steinen und/oder Gips kann ein Gebirge geformt werden.
- Aus Papier lässt sich das Brandenburger Tor basteln.
- ...

29 Deutschland – ein Lückentext

Deutschland liegt in _____ . Natürlich begrenzt wird Deutschland im Norden

von den beiden Meeren _____ und _____ , im Osten von den

Flüssen _____ und _____ , im Südosten von den drei Mittelge-

birgen _____ , _____ , _____ , im Süden

von dem Gebirge _____ und im Südwesten von dem Fluss _____ .

Deutschland hat ____ Nachbarstaaten: im Norden _____ , im Osten _____

und _____ , im Süden _____ und _____ sowie im Westen

_____ , _____ , _____ und _____ . Der flä-

chenmäßig größte Nachbarstaat ist _____ , der flächenmäßig kleinste Nachbar-

staat ist _____ .

Die Bundesrepublik Deutschland wurde im Jahr _____ als Nachfolgestaat des bis zum Jahr

_____ bestehenden Deutschen Reiches gegründet. Die ebenfalls 1949 gegründete Deutsche

Demokratische Republik (DDR) trat im Jahr _____ der Bundesrepublik Deutschland bei.

Deutschland ist in ____ Bundesländer aufgeteilt und ist flächenmäßig der _____größte

Staat Europas. Mit über ____ Millionen Einwohnern ist Deutschland in Europa der Staat mit

der _____größten Bevölkerungszahl. Die deutsche Hauptstadt heißt _____ .

Deutschland lässt sich naturgeographisch in sechs Großlandschaften aufteilen (von Norden nach

Süden): _____ , _____ ,

_____ ,

_____ , _____ und _____ . Die

größte deutsche Insel ist _____ , der größte Binnensee ist der

_____ . Mit einer Höhe von _____ m ist die _____

der höchste Berg Deutschlands.

Deutschland befindet sich in der _____ Klimazone.

Die Jahresdurchschnittstemperaturen liegen landesweit zwischen etwa

____ °C bis ____ °C. Der Einfluss des kontinentalen Klimas nimmt in Deutschland von

_____ nach _____ und von _____ nach _____ zu. Deutschland

liegt in der Vegetationszone der _____ .

Lösungshilfe – einzusetzende Textbestandteile in alphabetischer Reihenfolge

80, Alpen, Alpen, Alpenvorland, Bayerischer Wald, Belgien, Berlin, Bodensee, Dänemark,
Deutsche Mittelgebirgsschwelle, 1945, 1949, 1990, 11, Erzgebirge, Frankreich, Frankreich,
gemäßigten, Luxemburg, Luxemburg, Mitteleuropa, (Lausitzer) Neiße, 9, Niederlande,
Norddeutsches Tiefland, Norden, Nordsee, Oberpfälzer Wald, Oberrheinische Tiefebene
(und Randlandschaften), Oder, Osten, Österreich, Ostsee, Polen, Rhein, Rügen, Schweiz,
sechst-, 16, 7, sommergrünen Laub- und Mischwälder, Süden, Südwestdeutsches
Schichtstufenland, Tschechien, Westen, Zugspitze, zweit-, 2 962

F. Heitmann: Unterwegs in Deutschland
© Persen Verlag

Deutschland liegt in _____Mitteleuropa_____ . Natürlich begrenzt wird Deutschland im Norden von den beiden Meeren _____Nordsee_____ und _____Ostsee_____ , im Osten von den Flüssen _____Oder_____ und _____(Lausitzer) Neiße_____ , im Südosten von den drei Mittelgebirgen _____Erzgebirge_____ , _____Oberpfälzer Wald_____ , _____Bayerischer Wald_____ , im Süden von dem Gebirge _____Alpen_____ und im Südwesten von dem Fluss _____Rhein_____ .

Deutschland hat _9_ Nachbarstaaten: im Norden _____Dänemark_____ , im Osten _____Polen_____ und _____Tschechien_____ , im Süden _____Österreich_____ und _____Schweiz_____ sowie im Westen _____Frankreich_____ , _____Luxemburg_____ , _____Belgien_____ und _____Niederlande_____ . Der flächenmäßig größte Nachbarstaat ist _____Frankreich_____ , der flächenmäßig kleinste Nachbarstaat ist _____Luxemburg_____ .

Die Bundesrepublik Deutschland wurde im Jahr _____1949_____ als Nachfolgestaat des bis zum Jahr _____1945_____ bestehenden Deutschen Reiches gegründet. Die ebenfalls 1949 gegründete Deutsche Demokratische Republik (DDR) trat im Jahr _____1990_____ der Bundesrepublik Deutschland bei. Deutschland ist in _16_ Bundesländer aufgeteilt und ist flächenmäßig der _____sechst_____ größte Staat Europas. Mit über _80_ Millionen Einwohnern ist Deutschland in Europa der Staat mit der _____zweit_____ größten Bevölkerungszahl. Die deutsche Hauptstadt heißt _____Berlin_____ .

Deutschland lässt sich naturgeographisch in sechs Großlandschaften aufteilen (von Norden nach Süden): _____Norddeutsches Tiefland_____ , _____Deutsche Mittelgebirgslandschaft_____ , _____Oberrheinische Tiefebene (und Randlandschaften)_____ , _____Südwestdeutsches Schichtstufenland_____ , _____Alpenvorland_____ und _____Alpen_____ . Die größte deutsche Insel ist _____Rügen_____ , der größte Binnensee ist der _____Bodensee_____ . Mit einer Höhe von _2 962_ m ist die _____Zugspitze_____ der höchste Berg Deutschlands.

Deutschland befindet sich in der _____gemäßigten_____ Klimazone. Die Jahresdurchschnittstemperaturen liegen landesweit zwischen etwa _7_ °C bis _11_ °C. Der Einfluss des kontinentalen Klimas nimmt in Deutschland von _____Westen_____ nach _____Osten_____ und von _____Norden_____ nach _____Süden_____ zu. Deutschland liegt in der Vegetationszone der _____sommergrünen Laub- und Mischwälder_____ .

Schriftliche Prüfung: Nachbarstaaten, Bundesländer, Städte

Hinweis
Die Vorlagen der Seiten 91 und 92 können auch ohne Spielcharakter eingesetzt werden.

Spielerzahl
beliebig

Spielmaterialien
je Spieler:
- 1 Erdkunde-Führerschein (Seite 91/92)
- 1 Stift
- 1 Lösungsblatt (Seite 93)

Herstellung des Führerscheins
Die Seiten 91 und 92 werden kopiert und Rücken an Rücken zusammengeklebt. Anschließend wird der Führerschein an der gestrichelten Linie zusammengefaltet.
Man kann die Seiten auch gleich auf die Vorder- und Rückseite eines DIN-A4-Blattes kopieren.

Spielregeln
Jeder Spieler erhält einen Erdkunde-Führerschein.
Innerhalb einer festgelegten Zeit (z. B. 20 Minuten) beantworten die Spieler – jeder für sich allein – die Führerscheinfragen schriftlich.
Danach werden die Führerscheine untereinander ausgetauscht und mithilfe des Lösungsblattes kontrolliert.

Spielsieg
Es sind maximal 45 Punkte zu erreichen.
Um die Führerscheinprüfung zu bestehen, sollten mindestens 35 Punkte erreicht werden.
Gewinner des Spiels ist, wer die meisten Punkte erreicht hat.

Spielvariationen
▷ Es wird ein Erdkunde-Führerschein mit einem anderen Inhalt und/oder Schwierigkeitsgrad entworfen.

F. Heitmann: Unterwegs in Deutschland
© Persen Verlag

Erdkunde-Führerschein Deutschland

für

....
Name

....
Klasse

Prüfungsdatum: ....

Punktzahl: ....

Prüfung bestanden/nicht bestanden

....
Unterschrift des Prüfers

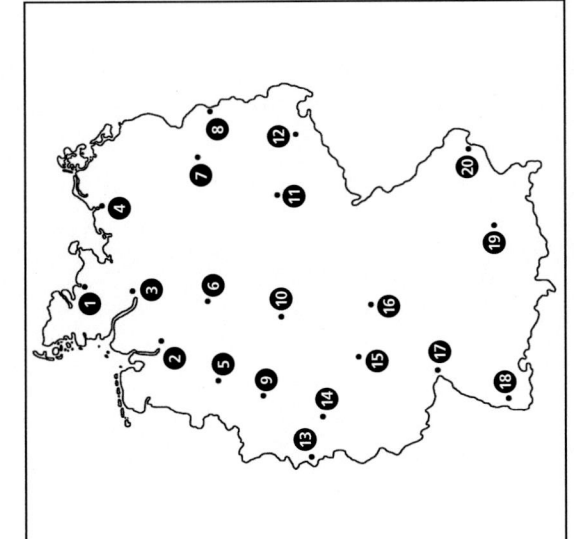

Wie heißen die mit Zahlen gekennzeichneten Städte?

1. ....
2. ....
3. ....
4. ....
5. ....
6. ....
7. ....
8. ....
9. ....
10. ....

11. ....
12. ....
13. ....
14. ....
15. ....
16. ....
17. ....
18. ....
19. ....
20. ....

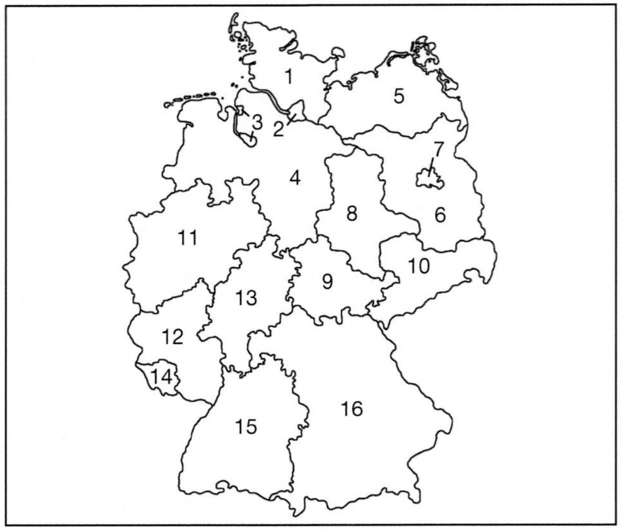

Notiere die auf der Karte nummerierten Bundesländer.

1. ....
2. ....
3. ....
4. ....
5. ....
6. ....
7. ....
8. ....
9. ....
10. ....
11. ....
12. ....
13. ....
14. ....
15. ....
16. ....

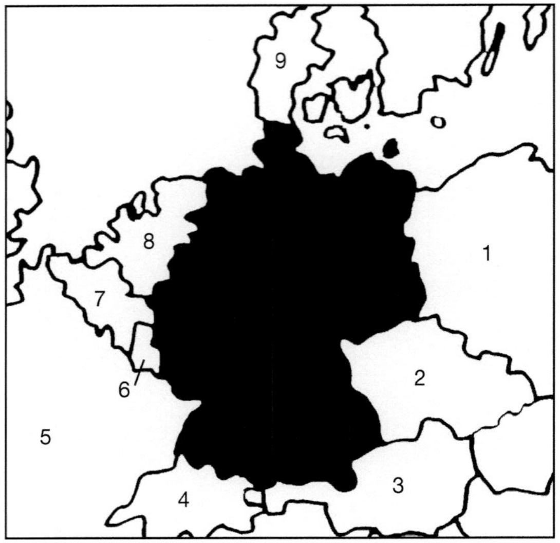

Nenne die neun Nachbarstaaten Deutschlands.

1. ....
2. ....
3. ....
4. ....
5. ....
6. ....
7. ....
8. ....
9. ....

F. Heitmann: Unterwegs in Deutschland
© Persen Verlag

Nachbarstaaten Deutschlands

1. *Polen*
2. *Tschechien*
3. *Österreich*
4. *Schweiz*
5. *Frankreich*
6. *Luxemburg*
7. *Belgien*
8. *Niederlande*
9. *Dänemark*

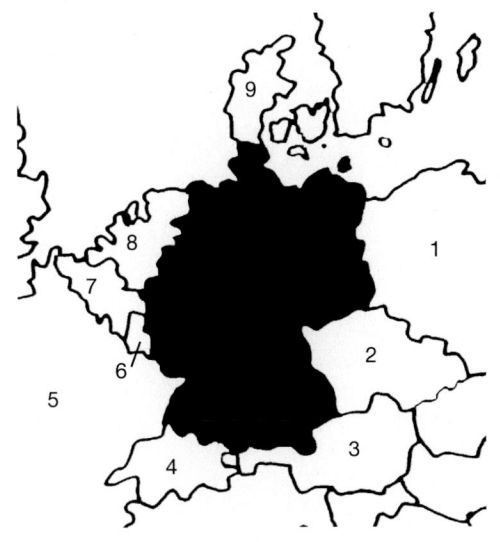

Bundesländer Deutschlands

1. *Schleswig-Holstein*
2. *Hamburg*
3. *Bremen*
4. *Niedersachsen*
5. *Mecklenburg-Vorpommern*
6. *Brandenburg*
7. *Berlin*
8. *Sachsen-Anhalt*
9. *Thüringen*
10. *Sachsen*
11. *Nordrhein-Westfalen*
12. *Rheinland-Pfalz*
13. *Hessen*
14. *Saarland*
15. *Baden-Württemberg*
16. *Bayern*

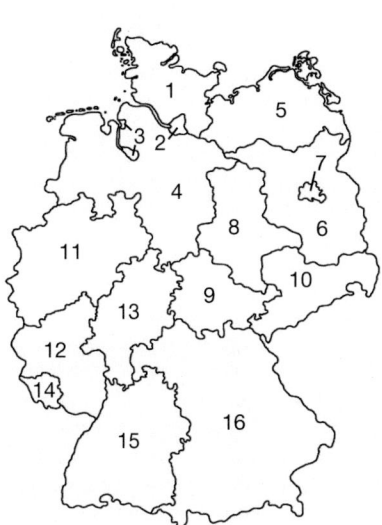

Deutsche Städte

1. *Kiel*
2. *Bremen*
3. *Hamburg*
4. *Rostock*
5. *Osnabrück*
6. *Hannover*
7. *Berlin*
8. *Frankfurt/Oder*
9. *Dortmund*
10. *Kassel*
11. *Leipzig*
12. *Dresden*
13. *Aachen*
14. *Bonn*
15. *Frankfurt/Main*
16. *Würzburg*
17. *Karlsruhe*
18. *Freiburg/Breisgau*
19. *München*
20. *Passau*

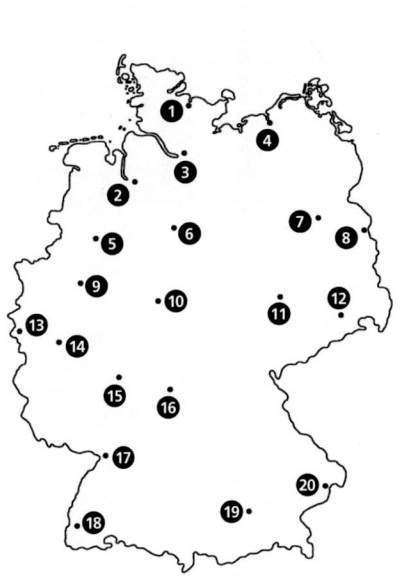